Anonymous

Römische Disputation zwischen Katholiken und Protestanten über

die These

War Petrus in Rom

Anonymous

Römische Disputation zwischen Katholiken und Protestanten über die These
War Petrus in Rom

ISBN/EAN: 9783743414204

Hergestellt in Europa, USA, Kanada, Australien, Japan

Cover: Foto ©ninafisch / pixelio.de

Manufactured and distributed by brebook publishing software (www.brebook.com)

Anonymous

Römische Disputation zwischen Katholiken und Protestanten über die These

Römische Disputation

zwischen

Katholiken und Protestanten

über die These:

War Petrus in Rom?

Nach den stenographischen, von den Vorsitzenden beider Parteien beglaubigten Berichten vollständig und wortgetreu übersetzt.

Münster.
Adolph Russell's Verlag.
1872.

Vorbemerkung
der beiden italiänischen Ausgaben.*)

Die Vorträge, welche bei der Disputation gehalten wurden, sind, mit Ausnahme der Abhandlung des Methodisten-Predigers, Herrn Francesco Sciarelli's, von Stenographen der beiden Parteien aufgezeichnet worden und erscheinen hier, sowie sie aus der Vergleichung der Arbeiten beider hervorgegangen sind, im Drucke, ohne daß man auch nur die nothwendige Sorgfalt auf Verbesserung des Styls verwendet hat.

*) Für die vorliegende Uebersetzung wurden folgende Ausgaben benutzt:

1) **L.** = Resoconto autentico della disputa avvenuta in Roma le sere di 9 e 10 febbraio 1872 fra sacerdoti cattolici e ministri evangelici intorno alla venuta di San Pietro in Roma. Seconda edizione. Roma, Tipografia Lombarda, via dei Cesarini N. 77. 1872. 8⁰ 102 pp.

2) **B.** = Resoconto ecc. le sere dei 9 e 10 febbraio 1872 ecc. di S. Pietro ecc. Pubblicata a cura e spese della Società Primaria Romana per gl' interessi cattolici. Roma, tipografia e libreria di Roma del cav. Alessandro Befani. Via delle Stimate 23. 1872. 12⁰ 176 pp.

Abgesehen von einzelnen Druckfehlern stimmen die beiden Ausgaben durchaus überein.   Anmerkung des Uebersetzers.

Freitag [d. 9 Febr.], Abends 7 Uhr.

Präsident Herr De Dominicis Tosti: Hochgeehrte Herren! — Es beginnt die Disputation über folgende These: (er liest dieselbe aus Nro. 492 [1. Febr. 1872] des Journals La Capitale vor:) „Der Herr Francesco Sciarelli, evangelischer Prediger, wird eine öffentliche Vorlesung halten, in welcher derselbe mit Beweisen aus der heiligen Schrift und den heiligen Vätern darthun wird, daß der heilige Petrus niemals in Rom gewesen ist."

Ich ersuche die hochgeehrten Herren, keine Zeichen — weder des Beifalls noch des Mißfallens — geben zu wollen, damit die Disputation mit Ordnung und Ruhe ihren Fortgang habe.

Gavazzi: Die Herren Vorsitzenden wollen mir eine Bemerkung gestatten. Da kein weltlicher Zweck und keine theatralische Schaustellung uns hier zusammengeführt hat, sondern ein religiöses Ziel uns hier vereint, so bin ich der Meinung, man solle mit einem Gebete beginnen; und da Niemand das Gebet abweisen wird, das Jesus Christus uns gelehrt hat, so möchte ich den Herrn Präsidenten ersuchen, mit dem Gebete des Herrn beginnen zu lassen. Das kann Niemand abweisen.

Canonicus Fabiani: ist der Meinung, man dürfe annehmen, daß Jeder das Gebet bereits für sich verrichtet habe; er könne die Nothwendigkeit, es öffentlich zu verrichten, nicht einsehen.

Präsident De Dominicis Tosti: Man sieht die Nothwendigkeit einer öffentlichen Hersagung dieses Gebetes nicht ein; Jeder verrichtet es für sich. Hierin werden wir den Bestimmungen gemäß vorgehen müssen, welche die Parteien, die Herren Vorsitzenden hier, unter sich vereinbart haben.

Principe di Campagnano: will nur bemerken, man
könne ja die nöthige Zeit gestatten, damit Jeder für sich im
Stillen sein Gebet verrichten möge, bevor die Discussion ihren
Anfang nehme.

Nachdem Zeit dafür gelassen ist, fordert der Präsident De
Dominicis Tosti den Herrn Sciarelli auf, seine Abhandlung vor=
zulesen.

Sciarelli:

Meine Herren!

Sehr gern würde ich meinen verehrten Collegen, die bei
Weitem mehr als ich darin erfahren sind, die Ehre überlassen
haben, die These, welche den Gegenstand unserer Discussion bilden
soll, zu entwickeln; wofern nicht unter den verschiedenen Bedin=
gungen für die Disputation, welche vorher schon festgestellt waren,
die Beschlußnahme stattgefunden hätte, daß dieses von mir ge=
schehen müsse, da gerade ich es gewesen sei, der diese Discussion
in Vorschlag gebracht habe. Mit vollem Vertrauen — nicht auf
meine eigene Kraft, die äußerst wenig vermag, sondern auf die
Unwiderleglichkeit und Unanfechtbarkeit der Beweismittel, deren
ich mich bedienen werde — stehe ich hier vor Ihnen, meine Herren,
um Ihnen zu beweisen, daß der Glaube der römischen Katholiken
betreffs der Ankunft und des Pontifikats des heiligen
Petrus in Rom ein falscher ist.

Alles das, was mit Rücksicht auf einen derartigen Glauben
die katholischen Theologen bisher behauptet haben, läßt sich mit
folgenden Worten zusammenfassen: Der heilige Petrus be=
gab sich nach Rom im zweiten Jahre der Regierung
des Kaisers Claudius, d. i. im Jahre 42 der gewöhn=
lichen Zeitrechnung — war dort 25 Jahre hindurch
Bischof — und erlitt den Märtyrertod im Jahre 66,
zur Zeit des Kaisers Nero. Diesem Glauben gegenüber
werde ich nun darthun, daß der heilige Petrus hier nach Rom,
um seinen Stuhl aufzurichten, vom Jahre 42 bis zum Jahre 66
unserer Zeitrechnung nicht gekommen ist; und ferner daß es ihm,
da er während dieser Zeit nicht dahin gekommen, auch nicht mög=
lich gewesen ist, weder während des Zeitraumes von 25 Jahren

daselbst Bischof zu sein, noch auch den Märtyrertod daselbst zu erleiden in dem genannten Jahre 66 zur Zeit Kaiser Nero's.

Wir sind fest überzeugt und vergewissert, daß der heilige Petrus nicht dazu kommen konnte, im zweiten Jahre der Regierung des Kaisers Claudius, d. i. im Jahre 42 unserer Zeitrechnung, seinen Stuhl hier in Rom aufzurichten, und zwar aus folgenden Gründen:

Nach den sorgfältigsten und bestbeglaubigten Berechnungen, und nach den Ergebnissen, welche ein römischer Katholik, der überaus gelehrte Ellendorf, Professor an der Berliner Universität, in seinen Forschungen erzielte, würde die Bekehrung des heiligen Paulus im Jahre 39 der christlichen Zeitrechnung stattgehabt haben. Nun heißt es in der Epistel dieses Apostels an die Galater: „Als es aber Dem wohlgefiel, der mich erwählt hat von Mutterleib an und durch seine Gnade berufen, Seinen Sohn mir zu offenbaren, auf daß ich Ihn verkündigte unter den Heiden; sofort nahm ich da nicht Rath mit Fleisch und Blut, und ging nicht nach Jerusalem zu denen, die vor mir Apostel waren; sondern ich zog nach Arabien, und kam wieder zurück nach Damaskus. **Demnächst, nach drei Jahren, ging ich nach Jerusalem, Petrus zu besuchen, und ich blieb bei ihm fünfzehn Tage.**" (Kap. I, V. 15—18.)*) Drei Jahre also nach seiner Bekehrung, d. i. genau im Jahre 42 der gewöhnlichen Zeitrechnung, zog der heilige Paulus nach Jerusalem hinauf. Und weshalb? Um den heiligen Petrus zu besuchen. Dieser Apostel war demnach im zweiten Jahre der Regierung des Claudius, d. i. im Jahre 42 der christlichen Zeitrechnung, noch nicht nach Rom gekommen. —

Aber, so wird man sagen können, vielleicht kam er unmittelbar nach dem Besuche des heiligen Paulus dorthin. Sehen wir zu. In der Apostelgeschichte, nachdem von eben dieser Reise des heiligen Paulus nach Jerusalem die Rede gewesen ist, steht zu lesen: „Die Gemeinde nun in ganz Judäa, in Galiläa und in Samaria, hatte Frieden, ward begründet, wandelte in der Furcht des Herrn, und ward erfüllet mit dem Troste des heiligen Geistes.

---

*) Zu der angeführten Stelle bemerkte Sciarelli nach dem stenographischen Berichte: „Die angeführte Stelle gebe ich nach der Uebersetzung des Monsignore Martini, aus welcher ich jede Bibelstelle entnehmen werde, damit nicht Doppelsinn und Mißverständniß entstehe." Anmerkung des Uebersetzers.

Es begab sich, daß Petrus, als er zu Allen umherzog, auch zu den Heiligen kam, die da wohnten in Lydda. Dort fand er einen Menschen, Aeneas mit Namen, welcher seit acht Jahren zu Bette lag und gichtbrüchig war. Und es sprach Petrus zu ihm: Aeneas! Jesus Christus macht dich gesund, stehe auf und bereite dir selbst dein Bett! Und alsbald stand er auf Und es sahen ihn Alle, die da wohnten zu Lydda und in Sarona; und bekehrten sich zum Herrn." (Kap. IX, 31—35.) Der heilige Petrus also begann, nachdem der heilige Apostel Paulus von Jerusalem abgereist war, zu Allen umherzugehen; und er begab sich auch nach Lydda, einem Flecken, der acht Meilen von Jerusalem entfernt lag; wie konnte er also unmittelbar nach dem Besuche des heiligen Paulus nach Rom gekommen sein? —

Aber vielleicht kam er noch später dorthin, nämlich nach seinem Aufenthalte in Lydda. Geben wir Acht. In derselben Apostelgeschichte steht geschrieben: „Es war in Joppe eine Jüngerinn, mit Namen Tabitha, welches verdollmetschet heißet: Dorkas; die that sehr viele gute Werke, und gab viele Almosen. Es geschah aber in jenen Tagen, daß sie krank ward und starb. Als man sie gewaschen hatte, legte man sie auf den Söller. Da aber Lydda war nahe bei Joppe, und die Jünger hörten, daß Petrus dort war, sandten sie zween Männer, ihn zu bitten: Laß dich's nicht verdrießen, zu uns zu kommen. Da machte Petrus sich auf und ging mit ihnen. Und als er gekommen war, führten sie ihn hinauf auf den Söller; und es traten zu ihm alle Wittwen und weinten, und zeigten ihm die Röcke und Kleider, welche Dorkas ihnen gemacht hatte. Petrus aber hieß Alle hinausgehen; warf sich auf die Kniee und betete; und er wandte sich zur Leiche und sprach: Tabitha, steh auf! Sie öffnete die Augen, sah den Petrus und erhob sich. Da gab er ihr die Hand und richtete sie auf. Und er rief die Heiligen und die Wittwen, und stellte sie ihnen lebend dar. Solches ward kund in ganz Joppe, und Viele wurden gläubig an den Herrn. Er wohnte nun viele Tage in Joppe, bei einem Simon, der ein Gerber war." (Kap. IX, V. 36—43.) Wenn also der heilige Petrus, nachdem er in Lydda gewesen war, nach Joppe gerufen wurde, wo er sich viele Tage aufhielt, so konnte er kurze Zeit nach seinem Aufenthalte in Lydda sicherlich nicht nach Rom gekommen sein. —

Aber vielleicht kam er unmittelbar nach seiner Abreise von Joppe dorthin. Sehen wir zu. Dieselbe Apostelgeschichte fährt, nachdem sie vom Hauptmann Cornelius erzählt hat, welcher nach Joppe geschickt hatte, um den heiligen Petrus zu sich zu bitten, folgendermaßen fort: „Da sprach zu ihm [Petrus] der Geist: Siehe! Drei Männer suchen dich! Mache dich auf, steige hinab, gehe mit ihnen, und habe kein Bedenken; denn Ich habe sie gesandt. Petrus stieg hinab zu den Männern, und sprach: Siehe, ich bin's, den ihr suchet. Was ist die Ursache, daß ihr herkommet? Sie sprachen: Cornelius, der Hauptmann, ein gerechter und gottesfürchtiger Mann, der solch Zeugniß hat von allem Volke der Juden, hat von einem heiligen Engel die Weisung bekommen, dich rufen zu lassen in sein Haus, und dein Wort zu vernehmen. Da führte er (Petrus) sie herein und nahm sie auf zu sich. **Am folgenden Tage machte er sich auf, ging mit ihnen, und Einige der Brüder aus Joppe begleiteten ihn. Des andern Tages ging er ein in Cäsarea.**" Und nachdem der heilige Petrus dem Cornelius und denen, die bei diesem waren, Jesum Christum gepredigt hatte, und Alle, nachdem sie an seine Worte geglaubt hatten, getauft worden waren: „Da baten sie ihn, daß er einige Tage bei ihnen bliebe." (Kap. X, stellenweise.) Also wenn der heilige Petrus, nachdem er sich viele Tage in Joppe aufgehalten hatte, von Cornelius nach Cäsarea gerufen wurde und dort die Bitte an ihn erging, er möge einige Tage verweilen, so konnte er unmittelbar nach seinem Aufenthalte in Joppe sicherlich nicht nach Rom gekommen sein.

Aber er kam vielleicht dorthin, nachdem er einige Tage in Cäsarea gewesen war. Geben wir Acht. Es wird in derselben Apostelgeschichte nach der Bekehrung und Taufe des Cornelius erzählt: „Es hörten aber die Apostel und die Brüder in Judäa, daß auch die Heiden das Wort Gottes angenommen haben. **Da nun Petrus nach Jerusalem gekommen**, stritten mit ihm die aus dem Judenthum, und sagten: Warum bist du zu Unbeschnittenen gegangen und hast mit ihnen gegessen? Da hob Petrus an, und legte es nach der Ordnung vor ...... Da sie das gehört hatten, waren sie beruhiget, preiseten Gott und sprachen: „Also auch den Heiden hat Gott die Buße verliehen zum Leben!" (Kap. XI, V. 1—4 und V. 18.) Wenn also der heilige Petrus, nachdem er sich einige Tage in Cäsarea aufgehalten hatte, nach

Jerusalem hinaufging und mit denen aus dem Judenthum zu
streiten hatte, so konnte er augenscheinlich, nach seinem Aufenthalte von einigen Tagen in Cäsarea, nicht nach Rom gekommen sein.

Hatte somit der heilige Petrus im zweiten Jahre der Regierung des Claudius, d. i. im Jahre 42 der gewöhnlichen Zeitrechnung alle diese Reisen zu machen, alle diese Mühseligkeiten zu ertragen, alle diese Missionen zu vollführen, wie kann da mit Grund und Recht von den katholischen Theologen die Behauptung aufgestellt werden, daß er sich in dem genannten Jahre nach Rom herbegeben habe? Außerdem aber, wie geht es zu, daß die Apostelgeschichte, nachdem sie uns so eingehend und umständlich diesen ganzen Lebensabschnitt des heiligen Petrus geschildert hat, über seine Reise nach Rom Schweigen beobachtet? Sagen wir es frei und offen heraus: Entweder ist die Reise des heiligen Petrus nach Rom im zweiten Jahre der Regierung des Claudius eins von jenen Histörchen, welche, entstanden, man weiß nicht wie, von Jahrhundert zu Jahrhundert sich fortpflanzten, so lange sich Keiner fand, der mit gesunden Augen sie prüfte und erkannte; oder aber das Schweigen der Apostelgeschichte ist ein unverzeihliches Schweigen, und ein Schweigen, bei welchem der Glaube an die Inspiration derselben Einbuße erleidet. Ein drittes giebt es nicht. Wenn nun Jedermann, der an die Inspiration der ganzen Bibel ohne Ausnahme glaubt, die letztere Voraussetzung nicht zugeben kann: so muß er mit Nothwendigkeit die erstere zugeben, nämlich, es sei falsch, daß der heilige Petrus nach Rom gekommen sei im zweiten Jahre der Regierung des Claudius, im Jahre 42 der gewöhnlichen Zeitrechnung. Und das hat Antonio Pagi, ein Franciscanerbruder, recht wohl erkannt. Dieser nimmt in seinen Erklärungen zu den Annalen des Baronius keinen Anstand, die Behauptung aufzustellen, daß die Annahme, der heilige Petrus sei im zweiten Jahre der Regierung des Claudius nach Rom gekommen, im Widerspruch steht mit der heiligen Schrift. Calmet bestätigt, daß man schon vor seinen Lebzeiten die Hypothesen des Baronius als unwahrscheinlich aufgegeben hatte; und endlich haben sich die Dominicaner-Patres in ihrer Bibliotheca sacra vom Jahre 1822 offen gegen die Hypothese des Baronius erklärt, und sie sagen, daß der heilige Petrus einzig während der Regierung Nero's nach Rom gekommen sei. Das ist eine ehrwürdige Anzahl von mehr als orthodoxen Schriftstellern, welche, anstatt die seltsame Legende anzunehmen, lieber die Autorität der Apostelgeschichte aufrechthalten und die Gesetze einer gesunden Kritik in Ehren halten wollen. Aber hier könnten die katholischen Theologen erwiedern: Wenn der heilige Petrus nicht im zweiten Jahre der Regierung des Claudius nach Rom kam, so konnte er im folgenden Jahre dahin gekommen sein; — am Ende ist es ja doch kein Glaubensartikel, daß er gerade im Jahre 42 der christlichen Zeitrechnung sich dahin begeben habe; — ein Jahr früher oder später zerstört nicht den Glauben an seine Reise nach Rom. — Schon recht; aber wie würde es dann um die 25 Jahre stehen, während welcher der heilige Petrus nach der Behauptung der Theologen den römischen Stuhl innegehabt haben soll? Auf jeden Fall aber lassen Sie uns zusehen, ob das möglich sei.

Die Geschichte stellt als zweifellos hin, daß Herodes Agrippa, ein Enkel Herodes des Großen, im Jahre 45 der gewöhnlichen Zeitrechnung starb. Dieser Herodes Agrippa „legte", der Darstellung der Apostelgeschichte gemäß, nicht lange vor seinem Tode „Hand an, um Einigen aus der Gemeinde Leides zu thun. Jakobus, den Bruder des Johannes, ließ er tödten mit dem Schwert. Und da er sah, daß es den Juden gefiel, **fuhr er fort, auch Petrus gefangen zu nehmen.** Es waren aber die Tage der ungesäuerten Brode. **Da er ihn nun hatte greifen lassen,** ließ er ihn in's Gefängniß legen, übergab ihn einer vierfachen Wache von je vier Kriegsknechten; und war Willens ihn nach Ostern dem Volke vorzuführen." Und nachdem die wunderbare Befreiung des Apostels erzählt worden ist, heißt es weiter: „Und er (Petrus) .... ging zum Hause der Maria, Mutter des Johannes, mit Zunamen Markus. Dort waren Viele versammelt und beteten .... Er aber winkte ihnen mit der Hand, zu schweigen; und er erzählte ihnen, wie ihn der Herr aus dem Gefängnisse geführt. Und er sagte: Verkündiget dieses dem Jakobus und den Brüdern, und er ging weg und begab sich an einen anderen Ort [altrove]." (Kap. XII, V. 1—4; 12; 17.) Wenn demnach nicht lange vor dem Jahre 45 unserer Zeitrechnung der heilige Petrus von Herodes Agrippa in den Kerker gelegt und durch den Engel befreit wurde, und darauf zum Hause der Maria, Mutter des Johannes, mit Zunamen Markus, ging, so ist das ein Zeichen, daß er bis zu jener Zeit nicht nach Rom gekommen war, sondern sich noch in Jerusalem befand; und daß sein angebliches Pontifikat von 25 Jahren in der Hauptstadt des Reiches wenigstens um drei Jahre gekürzt werden muß.

Indeß könnten die katholischen Theologen hier entgegnen: Der heilige Petrus hat sich sofort nach seiner Befreiung durch den Engel nach Rom begeben; — die Apostelgeschichte selber sagt: "**er ging weg und begab sich an einen anderen Ort;**" — dieser andere Ort war Rom. — Aber dieser andere Ort, konnte er denn jemals Rom sein? War denn Rom vielleicht ein altes verfallenes Haus oder ein Dorf, daß man es hätte bezeichnen können mit dem erbärmlichen Ausdrucke: "ein anderer Ort"? Hatte Rom vielleicht nicht ebensogut seinen Eigennamen, wie Lydda, Joppe, Cäsarea u. s. w., daß man zu dem dunkeln Ausdruck "an einen anderen Ort" seine Zuflucht nehmen mußte? Ist das natürlich? ist das möglich? ist das dem Charakter des Verfassers der Apostelgeschichte angemessen? Aber vor allen Dingen, findet das seine Bestätigung durch das, was späterhin in der heiligen Schrift hinsichtlich des heiligen Apostels Petrus erzählt wird? Sehen wir zu.

Gemäß der Darstellung, welche das zweite Kapitel des Briefes an die Galater giebt, fand das apostolische Concil, abgehalten in Jerusalem, vierzehn Jahre nach jener Zeit Statt, als der heilige Paulus nach der genannten Stadt gegangen war, um den heiligen Petrus zu besuchen, nämlich im Jahre 56 der christlichen Zeitrechnung. Bei jenem Concil aber finden wir den heiligen Petrus anwesend; denn es heißt in der Apostelgeschichte: "Es kamen Einige herab von Judäa und lehrten die Brüder: Wenn ihr euch nicht beschneiden lasset nach Moyses Satzung, könnet ihr nicht selig werden. Da nun Paulus und Barnabas einen nicht geringen Widerstreit hatten mit diesen; so beschloß man, daß Paulus und Barnabas, und einige Andere aus diesen [von der Gegenpartei], **hinaufzögen zu den Aposteln und den Aeltesten in Jerusalem, dieser Frage wegen.** . . . . Als sie gekommen waren nach Jerusalem, wurden sie aufgenommen von der Gemeinde und von den Aposteln und den Aeltesten; **und sie erzählten, wie Vieles Gott mit ihnen gethan hatte.** Es erhuben sich aber (sagten sie) Einige aus der Pharisäer Schule, die gläubig geworden waren, und sprachen: Man muß sie beschneiden, und ihnen gebieten zu beobachten das Gesetz Moyses. Da versammelten sich die Apostel und die Ael-

testen, diese Frage zu erwägen. Als man da viele Reden ge=
wechselt hatte, erhob sich Petrus und sprach zu ihnen ..
.... Da schwieg die ganze Versammlung; und sie hörten
Barnabas und Paulus erzählen, wie viele Zeichen
und Wunder Gott durch sie unter den Heiden gethan
hatte." (Kap. XV, V. 1—2; 4—7; 12.) Somit befand sich
im Jahre 56 der christlichen Zeitrechnung der heilige Petrus noch
in Jerusalem. Wie konnte er also nach Rom gekommen sein,
um hier seinen Stuhl aufzurichten, nachdem er aus den Händen
des Herodes durch Hülfe des Engels befreit war? Wie kann der
Ausdruck „an einen anderen Ort" gedeutet werden auf die Haupt=
stadt des Reiches? —

Aber, so könnte Jemand antworten, wer weiß, ob nicht der
heilige Petrus, nachdem er unmittelbar nach seiner Befreiung aus
dem Gefängnisse in Rom gewesen war, sodann nach Jerusalem
zurückgekehrt ist, um dem Concil beizuwohnen? Auf diesen Ein=
wurf erwiedern wir: Nahm das Concil von Jerusalem vielleicht
auf mündliche oder schriftliche Zusammenberufung seinen Anfang?
Ist es nicht im Gegentheil klar, daß sich die Apostel, anstatt vor=
her zu einer Zusammenkunft auf eine anberaumte Frist einge=
laden zu sein, vielmehr sämmtlich vereinigt fanden in Jerusalem
als an ihrem ständigen Aufenthaltsorte und ihrem natürlichen
Mittelpunkte bis zu jener Zeit? Aber gesetzt auch, das Concil
wäre durch eine vorgängige Berufung zusammengetreten, wie
kommt es dann, daß der heilige Petrus, wofern er von Rom
kam, bei jener überaus feierlichen Gelegenheit kein Wort von
seiner in so hohem Grade bedeutungsvollen Reise und von dem
neuen höchst glänzenden Geschicke Rom's sagt? Um so weniger
erklärlich ist ein solches Schweigen, als gerade in jener Versamm=
lung der heilige Paulus und der heilige Barnabas genauen und
umständlichen Bericht erstatten über das, was sie unter den
Heiden gewirkt hatten. Die Fortschritte des Christenthums wurden
in jener feierlichen Zusammenkunft aufgezählt, und um Rom
hätte man sich so wenig gekümmert? Da muß man doch noth=
wendig eingestehen, daß der heilige Petrus bis zu der Zeit, als
das Concil in Jerusalem abgehalten wurde, d. h. bis zum Jahre
56 der christlichen Zeitrechnung, nicht nach Rom gekommen sein
konnte, um dort seinen Stuhl aufzurichten; und daß sein angeb=
liches Pontifikat von 25 Jahren um 15 Jahre vermindert werden muß.

Aber zum wenigsten konnte doch der heilige Petrus unmittelbar nach dem Concile von Jerusalem nach Rom kommen? Wir finden das keineswegs. Denn aus dem Briefe an die Galater geht hervor, daß er sich vielmehr nach Antiochien begeben hat, woselbst er mit dem heiligen Paulus zusammentraf und von diesem, dem Apostel der Heiden, schwere Vorwürfe auszustehen hatte: „**Als aber Kephas nach Antiochien gekommen war**, widerstand ich ihm im Angesicht, weil er zu tadeln war. Denn bevor Einige kamen von Jakobus her, aß er mit denen aus dem Heidenthum; als aber jene gekommen waren, zog er sich zurück und sonderte sich ab, aus Scheu vor denen aus dem Judenthum. Und auch die Anderen aus dem Judenthum stellten sich also an mit ihm, so daß auch Barnabas verleitet wurde, sich ebenso anzustellen. Als ich nun sah, daß sie nicht festes Fußes wandelten nach der Wahrheit des Evangeliums; sprach ich zu Kephas in Gegenwart Aller: Wenn du, obwohl der Juden einer, nach Weise der Völker lebest, und nicht nach Weise der Juden; wie nöthigest denn du die aus den Völkern nach Weise der Juden zu leben? (Kap. II, V. 11—14.)

Aber konnte nicht der heilige Petrus nach seinem Aufenthalte in Antiochien nach Rom gekommen sein? Sehen wir zu. Wir wissen, daß der heilige Paulus gegen das Jahr 58 unserer Zeitrechnung seinen erhabenen und großartigen Brief an die Römer geschrieben hat. Nun gut! Wenn der heilige Petrus zu jener Zeit in Rom gewesen wäre, so würde ihm sicherlich der Apostel der Heiden einen Gruß geschickt, er würde seiner erwähnt, er würde irgend eine Hindeutung auf seine Anwesenheit und auf sein Wirken in dieser Hauptstadt gemacht haben. Und doch sagt der heilige Paulus, während er in seinem Briefe Alle grüßt und fast ein ganzes Kapitel mit Grüßen anfüllt und alle die Personen, welche in der Gemeinde thätig sind, grüßen läßt, — vom heiligen Petrus sagt er kein Wort! Vielleicht war der heilige Petrus, werden die katholischen Theologen sagen, gerade nicht anwesend. Aber wie? — Selbst angenommen, das sei der Fall gewesen, wie läßt es sich dann erklären, daß der heilige Paulus zu Anfange seines Briefes sagt: „immerdar in meinen Gebeten, flehend, es möge dereinst mir endlich die Reise angedeihen durch Gottes Willen, zu euch zu kommen. Denn mich verlangt euch zu sehen, auf daß ich euch Einiges ertheile von geistiger Gabe, euch zu bestärken.... Also (was an mir liegt,) stehe ich bereit, auch bei euch, in Rom, das Evangelium zu verkündigen." (Kap. I, V. 10—11; 15.) Wozu aber die Verkündigung des Evangeliums durch den heiligen Paulus, wenn der heilige Petrus in Rom war? Welche Gabe konnte der heilige Paulus mittheilen, die der heilige Petrus nicht schon mitgetheilt haben würde? Hatte der heilige Petrus vielleicht nicht die Vollmacht, im Glauben zu bestärken? Es ist demnach augenscheinlich, daß der heilige Petrus nicht hier in Rom sein konnte zu der Zeit, in welcher der heilige Paulus jenen Brief an die Gläubigen in dieser Stadt schickte; und daraus folgt mit Nothwendigkeit, daß die 25 Jahre seines angeblichen Pontifikats in dieser Hauptstadt des Reiches um 17 verkürzt werden müssen.

Aber konnte sich der heilige Petrus nach dem Jahre 58 nicht nach Rom begeben? Sehen wir zu. — Im Jahre 61 der christlichen Zeitrechnung kam der heilige Paulus persönlich nach Rom, und die Brüder kamen ihm entgegen. Dieses Mal wird ganz gewiß vom heiligen Petrus die Rede sein. Jawohl! Sehen wir zu, was in der Apostelgeschichte über diese Begebenheit erzählt wird: „**Und sodann begaben wir uns gen Rom. Da die Brüder dort von uns gehört hatten, kamen sie uns entgegen bis Forum Appii und Tres Tabernä.** Da Paulus diese sah, dankte er Gott und ward ermuthiget. Als wir zu Rom angekommen, ward es Paulus gestattet, für sich allein zu bleiben mit dem Soldaten, der ihn bewachte. Nach dreien Tagen ließ er die Angesehensten der Juden zu sich bitten; und als sie zusammen gekommen waren, sprach er zu ihnen: Ihr Männer, meine Brüder! wiewohl ich nichts gethan habe wider das Volk, oder wider die väterlichen Gebräuche, bin ich doch gebunden von Jerusalem her in die Hände der Römer übergeben worden. Diese wollten, nachdem sie mich verhört hatten, mich losgeben, weil keine Ursache des Todes an mir war. Als aber die Juden dawider redeten, sah ich mich genöthigt, mich auf den Kaiser zu berufen; nicht als ob ich eine Anklage wider mein Volk vorzubringen hätte. Darum habe ich euch bitten lassen, daß ich euch sähe und mit euch redete; denn um der Hoffnung Israels willen bin ich mit dieser Kette gebunden. Da sprachen sie zu ihm: **Wir haben weder Briefe deinetwegen aus Judäa erhalten, noch ist irgend einer der Brüder gekommen, der**

Böses von dir berichtet oder erzählt hätte. Wir wünschen aber von dir zu hören, welcher Meinung du bist; denn von jener Sekte ist uns bekannt, daß sie allenthalben Widerspruch findet". (Kap. XXVIII, V. 14—22.) Ist es demnach nun wohl wahrscheinlich, ja, ist es möglich, daß in der Apostelgeschichte auf diese Weise vom heiligen Paulus die Rede wäre, wofern der heilige Petrus zu der Zeit sich in dieser Stadt befunden hätte? Wie geht es zu, daß die beiden Apostel sich nicht begegnet sind? Wie geht es zu, daß die Juden zu Rom das Bedürfniß hatten, vom heiligen Paulus etwas über die Juden zu Jerusalem in Erfahrung zu bringen? Wie geht es zu, daß der heilige Petrus, der Apostel des Judenthums, ihnen nicht schon von jener Sekte, wie sie es auszudrücken sich beschränken, angemessene und richtige Begriffe beigebracht hatte? Zeigt nicht gerade diese ihre Redeweise, daß sie noch gar keine apostolische Predigt gehört hatten? Es ist demnach unmöglich, daran zu denken, daß der heilige Petrus zu der Zeit, als der heilige Paulus sich nach Rom begab, d. i. im Jahre 61 der gewöhnlichen Zeitrechnung, sich in dieser Stadt befinden konnte; und es ist also nöthig, sein angebliches Pontifikat von 25 Jahren um 20 Jahre zu verkürzen.

Aber konnte denn der heilige Petrus nach dem Jahre 61 der gewöhnlichen Zeitrechnung nicht nach Rom kommen? Sehen wir zu. — Der heilige Paulus verbrachte in Rom zwei Jahre. Die Apostelgeschichte berichtet: „Er aber verblieb zwei ganze Jahre in eigener Miethe und nahm alle auf, die zu ihm kamen; predigte das Reich Gottes, und lehrete von dem Herrn Jesu Christo, mit aller Zuversicht, ungehindert." (Kap. XXVIII, V. 30—31.) Es steht aber unbezweifelt fest, daß er von dorther einige seiner Briefe geschrieben hat. So schrieb er an Philemon unter Anderem: „Es grüßet dich Epaphras, mein Mitgefangener für Christum Jesum, und Markus, Aristarchus, Demas, Lukas, meine Mitarbeiter." (V. 23—24.) Und was steht da vom heiligen Petrus? Kein Wort! Hätte dieser sich damals in Rom befunden, würde ihn da der heilige Paulus an dieser Stelle nicht unter seinen Mitarbeitern am Werke namhaft gemacht haben? — Außerdem schrieb er an die Kolosser und sagt am Schlusse seines Briefes: „Es grüßet euch Aristarchus, mein Mitgefangener, und Markus, der Vetter des Barnabas, (wegen dessen ihr Fürschreiben erhalten habt; wenn er zu euch kommt, nehmt ihn wohl auf,) und Jesus, genannt Justus".... (Kap. IV, V. 10—11). Hier redet der heilige Paulus von allen denen, die sich in seiner Umgebung befinden und die ihm zum Troste sind bei seiner Arbeit am Reiche Gottes: wie geht es zu, daß da vom heiligen Petrus auch mit keiner Silbe die Rede ist? Es ist das ein Zeichen, daß der heilige Petrus sich nicht in Rom befand. — Endlich stimmen Alle in der Annahme überein, daß der zweite Brief an Timotheus vom heiligen Paulus im Jahre 66 der christlichen Zeitrechnung geschrieben worden sei, kurze Zeit bevor er den Martyrertod erlitt. In diesem Briefe nun steht geschrieben: "Eile bald zu mir zu kommen; denn Demas hat mich verlassen, aus Liebe zu dieser Welt, und ist nach Thessalonich gegangen; Crescens nach Galatien, Titus nach Dalmatien; **Lukas ist allein bei mir.... Bei meiner ersten Vertheidigung war Keiner mein Beistand, sondern Alle verließen mich: es möge ihnen nicht zugerechnet werden.**" (Kap. IV, V. 8—11; 16.) Wie wäre es nun möglich, daß sich der heilige Paulus mit so rührenden Worten darüber hätte beklagen können, daß nur einzig Lukas sich in seiner Nähe befände, und daß Niemand bei seiner ersten Vertheidigung ihm beigestanden hätte, und daß Alle ihn verlassen hätten, wenn wir den Fall annehmen, daß der heilige Petrus sich in Rom befunden habe? Vielleicht, daß dieser Apostel sich des schmählichsten Hintansetzens schuldig gemacht hatte? — Er war auch gefangen —. so werden die katholischen Theologen vielleicht sagen. Nun gut; in diesem Falle würde der heilige Paulus sicher dem Timotheus gegenüber die Gefangenschaft des Mitapostels erwähnt haben, in gleicher Weise wie er im Briefe an Philemon der Gefangenschaft des Epaphras gedacht und den Korinthern gegenüber des Aristarchus erwähnt hatte, welcher mit ihm im Gefängnisse lag. — Wir müssen daher mit Nothwendigkeit schließen, daß in jenem Jahre, in welchem dieser Brief geschrieben wurde, der heilige etrus noch nicht nach Rom gekommen war. Aber das Jahr, in welchem der Brief geschrieben wurde, war das Jahr 66 der gewöhnlichen Zeitrechnung; und das Jahr 66 der gewöhnlichen Zeitrechnung ist für die katholischen Theologen dasjenige Jahr, in welchem der heilige Petrus den Martyrertod zu erdulden hatte; daher ist es in Folge dessen, was die heilige Schrift uns lehrt, nicht wahr, daß der heilige Petrus jemals nach Rom gekommen sei, um daselbst seinen Stuhl aufzurichten.

Aber nehmen wir auch Abstand von allem dem, was wir bis heran gesagt haben, so finden wir überdies in der heiligen Schrift selber, daß der heilige Petrus, wofern er dem besonderen Auftrage, welchen er von Jesus Christus empfangen hatte, treu blieb, sich ganz und gar nicht nach Rom begeben durfte noch konnte, um daselbst seinen Sitz aufzurichten. Sehen wir zu, ob das wahr ist. — In seinem Briefe an die Galater schreibt der heilige Paulus Folgendes: „Was aber angeht die Angesehenen (was sie einst waren, darauf achte ich nicht; auf des Menschen Person siehet Gott nicht:) mir haben denn jene Angesehenen nichts hinzugefügt. Sondern im Gegentheil, als sie sahen, daß mir das Evangelium bei den Unbeschnittenen anvertrauet worden, wie dem Petrus das bei den Beschnittenen: (denn Der den Petrus zum Apostelamt bei den Beschnittenen kräftigte, Der kräftigte auch mich bei den Heiden;) und als sie erkannten die mir verliehene Gnade; da gaben Jakobus und Kephas und Johannes, die als Säulen Angesehenen, mir und Barnabas die Hand zur Gemeinschaft; daß wir zu den Heiden zögen, sie aber zu den Unbeschnittenen." (Kap. II, V. 6—9.) Es ist wahr, daß alle Apostel ohne Unterschied von Jesu Christo den Befehl hatten, in alle Welt zu gehen und das Evangelium allen Völkern zu verkündigen; aber diese Worte, wie sie da im Briefe an die Galater geschrieben stehen, zeigen uns, daß der heilige Petrus überdies einen besonderen Auftrag erhalten hatte, jenen nämlich, das Evangelium den Hebräern, den Beschnittenen, zu verkündigen. Wie hätte nun der Apostel der Heiden schreiben können, daß dem heiligen Petrus das Evangelium der Beschneidung übertragen sei, daß Gott mächtig gewirkt habe im heiligen Petrus durch den Apostolat der Beschneidung, wenn sich der heilige Petrus nach Rom begeben hätte, um seinen Sitz dort zu nehmen, in der Stadt der Unbeschnittenen, der Stadt der Heiden?

Aber vielleicht hat der heilige Petrus dem von Jesu Christo empfangenen, besonderen Auftrage nicht Folge geleistet? Hiergegen giebt uns die Apostelgeschichte Zeugniß von der Thätigkeit, welche er in Jerusalem und dessen Umgebung entfaltete — sein aus Babylon geschriebener Brief „an die Fremdlinge, die zerstreu-

ten in Pontus, Galatien, Kappadocien, Asia und Bithynien"
(I. Petr., Kap. I, V. 1.) zeigt uns deutlich, daß er im Mittel=
punkte der israelitischen Diaspora seinen Sitz hatte. — Auch ist
zu nichts nütze was die katholischen Theologen und andere hin=
sichtlich dieses Schreibens des heiligen Petrus, welches das Datum
„Babylon" trägt, aufstellen, indem sie uns einreden wollen, unter
dem Namen Babylon habe der Apostel Rom verstanden wissen
wollen. — Was! — sagen sie — das Datum Babylon darf
durchaus nicht buchstäblich genommen werden: Der heilige Pe=
trus schrieb von Rom aus; aber er datirt von Babylon, um
unter dieser Metapher seinen wahren Aufenthaltsort zu verber=
gen, damit er keiner Verfolgung anheimfalle. — Aber war denn
der heilige Petrus vielleicht noch so furchtsam, wie damals, als
er zu dreien Malen seinen Meister verleugnete? War er vielleicht
nicht eben derselbe, welcher an erster Stelle mit so viel Muth und
Entschlossenheit am Pfingsttage geredet hatte? War er vielleicht
nicht eben derselbe, welcher den Priestern des hohen Rathes ge=
sagt hatte: „Ob's recht vor Gott ist, euch mehr zu gehorchen als
Gott — das urtheilet selbst" (Apostelgesch. Kap. IV, V. 19.)?
Auch alle die übrigen Behauptungen, welche man betreffs der
Datirung des Briefes von Babylon geltend zu machen sucht, ha=
ben keinen Werth; denn sie sind sämmtlich von Männern, die
mit der heiligen Schrift und der alten Geschichte sehr vertraut
sind, vollauf zurückgewiesen worden. Hören wir, was der hoch=
gelehrte Michaelis sagt: „Es ist über die Maßen seltsam, daß
ein Bibel=Erklärer, wo ein Apostel seinen Brief von Babylon
datirt, auf den Einfall kommt, diesem Namen lieber eine figür=
liche Bedeutung unterzuschieben, als ihn in seiner eigentlichen
Bedeutung zu nehmen: denn im ersten Jahrhundert bestand noch
das alte Babylon. Freilich ist es wahr, daß man diese Stadt
damals verödet nennen konnte im Vergleich mit dem, was sie
zu Zeiten Nabuchodonossors gewesen war; indeß erfährt man aus
Strabo, daß sie weder ein Schutthaufen noch entblößt von Be=
wohnern war.... Der schlichte Briefstil läßt poetische Figuren
nicht zu; und wenn man es auch in einem Preisgedichte auf
Göttingen erträglich finden könnte, daß diese Stadt ein zweites
Athen genannt würde, so würde man es doch von einem Pro=
fessor dieser Universität, wollte er einen von Göttingen aus ge=
schriebenen Brief mit dem Datum Athen versehen, so seltsamlich

finden, daß man ihn darüber auslachte. So konnte auch, obwohl es für den poetischen Sprachgebrauch der Apokalypse nicht unpassend ist, den Namen Babylon in übertragenem Sinne zu gebrauchen, der heilige Petrus die Stadt, aus welcher er schrieb, unmöglich anders als mit ihrem eigentlichen Namen bezeichnen." —

Aber wie steht es mit der Ueberlieferung der Väter? Spricht diese nicht zu Gunsten der von den katholischen Theologen aufgestellten Meinung? Haben nicht Eusebius, der heilige Hieronymus und andere Kirchenväter diese Behauptung gemacht? .... Es scheint unmöglich, daß man sich immer und blindlings auf das Zeugniß eines Andern berufen dürfe! Indeß, was zunächst Eusebius anbelangt, so versichert dieser gar nicht, daß es sich so verhalte; er theilt diese Bemerkung als einfache Ansicht mit und fügt obendrein hinzu, daß jene figürliche Auffassung ihm etwas geschraubt vorkomme. Dabei darf man nicht vergessen, daß die Uebereinstimmung des heiligen Hieronymus und aller Väter gerade von jenen Worten des Eusebius herrührt, weil sie alle aus ihm diese Bemerkung entnommen haben. Jene Uebereinstimmung läßt sich daher füglich mit einem Haufen von Menschen vergleichen, welche eine Fabel als Wahrheit wiederholen, weil jeder Einzelne unter ihnen sie von demselben einen Manne hat erzählen und bekräftigen hören. Was hat in solchem Falle die Stimme von Tausenden für einen Werth? Gar keinen! Außerdem ist darüber kein Zweifel, daß in den Vätern und den Schriftstellern vor Eusebius kein Wort von einer solchen figürlichen Anwendung vorkommt; und ebenso ist darüber kein Zweifel, daß, wie Clarke bezeugt, die alten Schriftsteller, welche näher bei Babylon wohnten, wie z. B. die Syrer und die Araber, geglaubt haben, jener Eigenname sei im buchstäblichen Sinne zu nehmen. — Es steht demnach zweifellos fest, daß man, selbst wenn man von den chronologischen Beweismitteln, welche die heilige Schrift an die Hand giebt, Abstand nimmt, aus den Worten des heiligen Paulus in seinem Briefe an die Galater beweisen kann, daß der heilige Petrus, wofern er dem von Jesu Christo empfangenen, besonderen Auftrage treu bleiben wollte, wie er es wahrhaftig gewesen ist, sich ganz und gar nicht nach Rom begeben durfte noch konnte, um daselbst seinen Sitz aufzurichten.

Da wir nun aus der heiligen Schrift den Beweis beigebracht haben, daß die Reise des heiligen Petrus nach Rom und sein dortiges Pontifikat eine Unmöglichkeit sind, so wollen wir sehen, ob man in den näher zu den Aposteln aufreichenden Zeiten an diese Dinge geglaubt habe oder nicht. Die katholischen Theologen bejahen diese Frage, wir verneinen sie. Sehen wir zu, wer Recht hat.

Die katholischen Theologen führen für ihre Behauptung drei Dokumente an: 1. den **Brief des heiligen Clemens an die Korinther**; 2. den **Brief des heiligen Ignatius an die Römer**; 3. die **Autorität des Papias**.

Der Brief des heiligen Clemens an die Korinther. — Dieser berühmte Brief des heiligen Clemens an die Korinther wurde ohne Zweifel vor dem Jahre 70 der christlichen Zeitrechnung geschrieben, weil er von dem Tempel zu Jerusalem und von den Opfergebräuchen der Juden als damals noch existirenden Dingen spricht. In demselben findet sich gar nichts, was eine Hindeutung, wie gleichwohl die katholischen Theologen behaupten, auf die Reise des heiligen Petrus nach Rom und sein dortiges Pontifikat enthielte; und bloß aus einer Stelle, deren Echtheit die Kritiker angezweifelt haben, ergiebt sich, daß zu jener Zeit der heilige Petrus und der heilige Paulus schon todt waren. Hören wir die Worte selbst: „Petrus ertrug, durch ruchlose Anfeindung, nicht eine oder zwei, sondern viele Mühseligkeiten; und nachdem er auf diese Weise Zeugniß abgelegt hatte, ging er zum Wohnplatze der Glorie, den er verdiente: Paulus ertrug, durch gleiche Anfeindung, den Kampf der Geduld, da er siebenmal in's Gefängniß geworfen und gegeißelt und gesteinigt wurde. Ein Verkündiger im Orient und im Occident, legte er Zeugniß ab im Angesichte der Gewalthaber; darauf schied er aus der Welt und ging zum Wohnplatze der Heiligen." Wo ist nun in dieser Stelle von der Reise und dem Pontifikate des heiligen Petrus in Rom die Rede? Höchst unbestimmt ist vielmehr die Art und Weise, wie der heilige Clemens sich über den heiligen Petrus ausdrückt; er sagt, dieser Apostel sei gestorben, weil er Zeugniß abgelegt habe für den Glauben; aber er sagt weder, noch läßt er folgern, daß er in Rom gestorben sei. Wofern nun wahr ist, was verschiedene Kritiker und unter diesen Cotelerius und Gallandi festhalten, daß die aus dem Briefe angeführte Stelle erdichtet und eingeschoben sei, so würde das Schweigen des heiligen Clemens über den Tod der beiden berühmtesten Apostel auffällig sein, wenn man annimmt, daß ihr Tod hier in Rom unter seinen Augen stattgehabt habe, und dies um so mehr, da sich ihm eine schöne Gelegenheit bot, darüber sprechen zu können. Darin haben wir also ein Zeichen, daß der heilige Clemens an die Reise und das Pontifikat des heiligen Petrus in Rom nicht glaubte.

Der Brief des heiligen Ignatius an die Römer. — Dieser Brief des heiligen Ignatius, Bischofs von Antiochien, an die Römer wurde von Smyrna aus im Jahre 107 der christlichen Zeitrechnung geschrieben, während der heilige Ignatius nach Rom abgeführt wurde, um den wilden Thieren vorgeworfen zu werden. Ohne gerade zu sagen, daß alle seine Briefe vielfache Fälschungen erfahren haben, und daß es immerhin ungewiß bleibt, ob sie in der Ausgabe, welche man für die beste hält, frei seien von Einschiebseln, muß doch bemerkt werden, daß in jenem an die Römer wohl eine prunkvolle Lobrede auf ihre Gemeinde, welche vor allen übrigen des Kaiserreiches als hervorragend bezeichnet wird, aber nicht ein Wort vorkommt, welches zu verstehen gäbe, sie sei vom heiligen Petrus gegründet worden, obwohl sich ihm eine so überaus günstige Gelegenheit dazu darbot. In diesem Briefe bittet der heilige Ignatius die Römer, sie sollten sich nicht in's Mittel schlagen, um ihn dem Tode zu entreißen; denn, da er ein Saatkorn Gottes sei, so wünsche er, zwischen den Zähnen der wilden Thiere zerrieben zu werden, um ein würdiges Brod Jesu Christi zu werden. „Ich befehle es euch nicht" — fügt er hinzu — „wie Petrus und Paulus, sie — Apostel, ich nur ein Unfreier; aber wenn ich leiden werde, so werde ich frei durch Christus, und werde auferstehen frei in Ihm." In dieser Stelle wollen die katholischen Theologen die Reise und das Pontifikat des heiligen Petrus in Rom bezeugt sehen. Aber ist das möglich? Wir vermögen das nicht darin zu finden. — Dasselbe Stillschweigen herrscht in der Lebensgeschichte des heiligen Ignatius, welche von seinen Reisegefährten und Augenzeugen seines Martyrertodes geschrieben ist. Diese erzählen bloß, der heilige Ignatius habe, als sie in die Nähe von Pozzuoli gekommen seien, aus dem Schiffe aussteigen wollen, um auf seinem Wege nach Rom in die Fußstapfen des heiligen Paulus zu treten. Auf den heiligen Petrus findet sich keine Hindeutung; ein Zeichen, daß damals das Histörchen von der Reise und dem Pontifikate dieses Apostels in der Stadt Rom noch nicht erfunden war.

Die Autorität des Papias. — Es giebt keinen Menschen, der bis auf den heutigen Tag auch nur eine einzige Schrift dieses Papias, Bischofs von Hierapolis, hätte auffinden können; — seine Schriften gingen gleich von Anfang an verloren. Einzig Eusebius scheint sie in Händen gehabt zu haben; und bei ihrer Beurtheilung mußte er gestehen, daß Papias „ein Mann von äußerst geringer Einsicht" sei. Aber ist es denn wahr, daß Papias die Reise und das Pontifikat des heiligen Petrus in Rom bezeugt? Eusebius bringt im zweiten Buch seiner Historia ecclesiastica, Kap. 14 und 15, die Sage von der Reise des heiligen Petrus nach Rom vor. Darauf spricht er von einer anderen Begebenheit, nämlich daß die Christen zu Rom die Verkündigung des Evangeliums durch den heiligen Petrus dem Hauptinhalte nach aufgeschrieben wünschten, und berichtet, daß damals dieser Apostel sein Evangelium dem heiligen Markus dictirte. Darauf fügt Eusebius hinzu: „Das ist es, was uns Clemens im vierten Buche seiner Institutionen erzählt, und Papias, Bischof von Hierapolis, giebt in gleicher Weise davon Zeugniß." Diese Worte sind dunkel, und es wird nicht ersichtlich, ob Papias Zeugniß giebt für die Reise des heiligen Petrus nach Rom oder für die Aufzeichnung des Evangeliums durch den heiligen Markus. Daher kann das Zeugniß des Papias nicht zugelassen werden, einestheils weil ihn Eusebius einen Mann von geringem Verstande nennt, anderntheils weil sein Zeugniß zweideutig ist.

Es ist also nicht wahr, daß in den zu den Aposteln aufreichenden Zeiten an die Reise und das Pontifikat des heiligen Petrus in Rom geglaubt worden sei, wie das die katholischen Theologen vorgeben.

Aber die katholischen Theologen, um die Reise und das Pontifikat des heiligen Petrus in Rom annehmbar zu machen, sind halsstarrig und verschanzen sich, wie hinter einem uneinnehmbaren Bollwerk, hinter der einhelligen Uebereinstimmung der Ueberlieferung, welche mit ausdrücklichen Worten von Jrenäus an bis auf unsere Tage stets jene Thatsache bekräftigt habe. Aber da ist es nöthig, daß wir uns betreffs der Ueberlieferung verständigen. Sicherlich beugen wir uns vor der majestätischen Unterweisung der Ueberlieferung, weil wir wissen, daß Gott in gewissem Sinne sich in der Entwickelung der Menschheit offenbart, daß Gott in gewissem Sinne zur Erscheinung kommt in den Thaten der Menschen, daß das Licht des Wortes jedes vernünftige Geschöpf erleuchtet und in ihm die eigene Machtfülle kundthut; aber wir wissen doch in der traditionellen Unterweisung, vermöge der Bibel als Kriterium, welche für uns und für die katholischen Theologen das Wort Gottes ist, das menschliche Element von dem göttlichen Elemente zu unterscheiden — wir wissen das Resultat der Unwissenheit, des Irrthums, der Corruption abzusondern von dem Resultate der Wissenschaft, der Wahrheit, des Fortschrittes. Mit einem Worte: wir lassen die Tradition nur dann zu, wenn sie in Einklang steht mit dem Buche des Herrn, mit der Bibel; und wir weisen sie jedesmal zurück, wenn sie mit der Bibel im Widerspruch steht und dieselbe der vorgeblichen menschlichen Unfehlbarkeit nachstellt. Daher werden wir auf die einhellige Uebereinstimmung der Tradition, welche mit ausdrücklichen Worten von Irenäus an bis auf unsere Tage stets die Reise und das Pontifikat des heiligen Petrus in Rom bekräftigt hat, gar kein Gewicht legen, so lange uns die katholischen Theologen mit unwiderleglichen und unanfechtbaren Gründen die Beweise nicht werden widerlegt haben, welche wir gegen eine solche Annahme aus der heiligen Schrift beigebracht haben. —

Abgesehen davon ist es nöthig, den Werth und die Bedeutung der Tradition zu unterscheiden, je nachdem dieselbe herangezogen wird, entweder um Glaubenssätze oder um Thatsachen annehmbar zu machen. Handelt es sich um Thatsachen und nicht um Glaubenssätze, so muß man die Ueberlieferung gewissermaßen in zwei Abtheilungen zerlegen: in die erste müssen die Zeugnisse derjenigen gestellt werden, welche kurze Zeit nach der Begebenheit lebten, die man nachweisen will; in die zweite die Zeugnisse derjenigen, welche im Verlaufe der späteren Jahre folgten. Die Zeugnisse der ersten Abtheilung haben einen bestimmten Werth; dagegen kommt den Zeugnissen der zweiten Abtheilung, wenn jene der ersten ihnen nicht zur Seite stehen, keinerlei Werth zu. Wie steht es damit nun in unserem Falle? Können die katholischen Theologen ausdrückliche, klare, leuchtende Zeugnisse anführen von Männern, welche kurz nach dem Faktum der vermeintlichen Ankunft und des vermeintlichen Pontifikats des heiligen Petrus in Rom gelebt haben? Nein, ganz gewiß nicht! Was für einen Werth hat also die Uebereinstimmung der Tradition, welche einzig und allein von Irenäus ab bis auf unsere Tage zu ihren Gunsten Zeugniß gegeben hat?

Meine Herren!

Es ist unnütz, zur Bekräftigung meiner These noch Weiteres hinzuzufügen. Durch das, was bisher gesagt ist, bleibt für jedes aufrichtige und vorurtheilsfreie Bewußtsein fest begründet und mit unwiderleglichen und unanfechtbaren Beweisen dargethan, daß der katholische Glaube — welcher für uns Evangelische ohne Bedeutung, für die Anhänger des Katholicismus Alles ist — nämlich der Glaube, der heilige Petrus sei nach Rom gekommen, unmöglich kann aufrecht erhalten werden; und daß wir mit Sicherheit behaupten und laut aussprechen können, daß der heilige Petrus hier nach Rom, um seinen Stuhl aufzurichten, vom Jahre 42 bis zum Jahre 66 unserer Zeitrechnung nicht gekommen ist; und ferner, daß es ihm, da er während dieser Zeit nicht dahin gekommen, auch nicht möglich gewesen ist, weder während des Zeitraums von 25 Jahren daselbst Bischof zu sein, noch auch den Martyrertod daselbst zu erleiden in dem genannten Jahre 66, zur Zeit Kaiser Nero's.

Die römischen Katholiken mögen in ihrem gottesfürchtigen Gewissen darüber nicht erschrecken. Die Kritik — es ist wahr — ist eine Kette von Kämpfen, eine Reihe von Angriffen gegen die überkommenen Meinungen; wo sie ihr Banner aufpflanzt, da erblickt man nur Ruinen ringsumher. Aber diese Ruinen sind fruchtbar, und nach Verlauf kurzer Zeit, wenn der Fieberhauch des Irrthums beseitigt ist, kehrt das Leben dahin zurück, und dann erscheinen da nur noch die Feste der Einsicht, der Wahrheit, des Evangeliums Jesu Christi. —

Nach Beendigung der Vorlesung ergreift der Canonicus Fabiani das Wort.

Fabiani.

Canonicus Enrico Fabiani: Wie sehr wir, meine Herren, eine Fülle von Gelehrsamkeit und Studium in der Darlegung zu erkennen vermocht haben, die unser verehrter Gegner unserer Disputation hat vorausschicken wollen, oder besser gesagt, unserer freundlichen Conferenz, welche wir in dem Verlangen haben unternehmen wollen, daß die Wahrheit sich immer mehr verbreite, sich immer weiter erstrecke und dahin gelange, allmälig alle Geister zu erleuchten und alle Herzen insgesammt zu besiegen: ebensosehr scheint es uns, daß die Darlegung fast gänzlich von jenem Gegenstande und von jener Idee, worüber am heutigen Abende zwischen uns verhandelt werden sollte, abgewichen sei. Sollte ich mit kurzen Worten jene vielen und lieben Worte unseres Gegners wiederholen, so könnte ich darauf hinweisen, daß mit denselben nichts anderes erreicht ist, als eine Aufstellung, versehen mit reichem Schmucke beredter und glühender Worte und mit großem Reichthum an biblischen Berichten, an Bruchstücken, welche sicherlich einem Jeden lieb zum Herzen gedrungen sind, der das göttliche Wort liebt, aber welche nicht unmittelbar zu unserer eigentlichen Frage gehörten; mit denselben, sagte ich, ist nichts anderes erreicht, als eine hier vor Ihnen erneute Vorführung jener Beweismittel, welche bereits zu so vielen Malen wiederholt, verhandelt, untersucht und — will ich sagen, indem ich eben jene Worte wiederhole, welche aus dem Munde meines Gegners gekommen sind — und zu eben so vielen Malen auch genugsam widerlegt sind von hochgelehrten Männern, welche [Beweismittel] sich einestheils auf die chronologischen Schwierigkeiten zurückführen lassen, die aus der Apostelgeschichte und aus dem Briefe des heiligen Paulus gegen die verschiedenen Chronologieen können entnommen werden, welche sowohl katholische wie protestantische Schriftsteller herausgehoben haben, um die bestimmten Momente der Ankunft und des Aufenthalts des heiligen Petrus in Rom festzustellen; zweitens auf das Schweigen, welches man in eben diesen Briefen, in dieser Apostelgeschichte über die Person Petri selbst bei gewissen Umständen wahrnimmt, bei denen eben diesen Chronologieen gemäß Petrus sich daselbst befunden haben müßte, an jenen Orten, deren die Apostelgeschichte Erwähnung thut.*) Drittens sagte er, daß eine besondere, dem Petrus anvertraute Aufgabe, der Apostel der Beschneidung zu sein, einzig an Orte Judäa's ihn gebunden halten mußte und niemals ihm gestatten durfte, nach Rom zu kommen. Und zuletzt hat er dann, von den Beweismitteln der Schrift auf das übergehend, was man

---

*) Sätze, wie der vorstehende, finden nach der Vorbemerkung S. 3. darin ihre Entschuldigung, daß die Vorträge im Drucke erschienen, „ohne daß man auch nur die nothwendige Sorgfalt auf Verbesserung des Stils verwendet hat."
Anm. des Uebersetzers.

über die Väter sagen konnte, zu beweisen gesucht, daß in den ersten Zeiten keine Erinnerung — nach Petrus unter den Vätern — von dieser seiner Ankunft in Rom existirte, und daß man dem Uebrigen kein Gehör schenken dürfte. Aber bei einer solchen Besprechung, glaube ich, sollten Sie zwei Dinge nicht mit einander vermengen: Das eine nämlich: die Nebenumstände, die Art und Weise, die Zeitdauer und alles Andere desgleichen, was das Verweilen Petri in Rom betrifft; und das andere: die Thatsache, um welche allein dies unser Thema sich dreht.

Hier handelt es sich nicht darum, wie lange Zeit Petrus in Rom gewesen sei; hier handelt es sich nicht darum, wann und wie und zu wie viel Malen er dahin gekommen sei. Die These, welche wir zu behandeln haben, ist höchst einfach und klar und läßt sich mit den paar Worten zusammenfassen, **Petrus sei niemals nach Rom gekommen.** Eine einzige Stunde, welche Petrus in Rom geweilt hätte, würde diese These gänzlich vernichten. Und dabei handelt es sich gar nicht darum, ob diese These von uns oder von unseren Gegnern unter die Zahl derjenigen Artikel gerechnet wird, welche wir in religiösem Glauben annehmen; sondern es handelt sich bloß um eine einfache Thatsache.

Meine Herren! Der Geist Gottes, welcher durch Christi und seiner Apostel Vermittelung gekommen ist, alle Geister zu erleuchten, jener Geist, der zuerst geredet hatte durch die Propheten und darauf durch den Sohn Gottes selber, dieser Geist hat viele Dinge verkündigt; aber nicht alles das, was er verkündigt hat, war in solcher Weise den Menschen verborgen, daß sie es nicht auf andern Wegen auch vor eben dieser Verkündigung hätten wissen können. Und von dieser Art sind die Thatsachen der Geschichte, welche jeder Mensch mit eigenen Augen sieht, und deren Begründung die Kritik in jenen Beweismitteln gesucht wissen will, durch welche alle die anderen Thatsachen gleichfalls dem Menschen verkündigt und versichert werden.

Jesus Christus kam auf die Welt. Ein Kind wurde geboren in Bethlehem, lebte in Nazareth und Kapharnaum, lehrte, wirkte Wunder, wurde gekreuzigt unter Pilatus, zeigte sich vor dem Angesichte der Menschen als Mensch, und als solchen sah ihn jegliches Auge, konnte jegliches Herz ihn erkennen; aber er war Gottes Sohn, aber er war der Messias, den die Völker erwartet hatten; aber er war der Erlöser der ganzen Welt. Und das sah man nicht offenkundig mit den Augen, und dafür war ein göttliches Zeugniß nothwendig, welches unsere und der Kirche Gegner einzig in der heiligen Schrift bewahren, und welches wir zusammt mit der heiligen Schrift in der Unterweisung, in dem Lehramte der Kirche und in ihren Ueberlieferungen bewahren. Unterscheiden wir also für's Erste diese beiden Theile.

Für's Erste laßt uns lediglich auf die historischen Thatsachen Acht haben, welche Jeder sieht, und dann laßt uns unter denselben nachforschen, was darin Geistliches, Offenbartes, Mysteriöses, Geheimnißvolles sei. Zunächst: Petrus ist nach Rom gekommen. Wenn diese Thatsacht bezeugt ist, bewiesen ist nach den Gesetzen der Kritik, so wird es eine geschichtliche Thatsache sein, welche zu leugnen unmöglich sein wird; darauf werden wir disputiren können (und diese Frage würde eine ganz andere und von der gegenwärtigen höchst entfernte und getrennte sein), ob dieser Petrus, welcher kam, das Haupt der andern Apostel war, ob er damit einen Primat nach Rom brachte, ob er eine Unfehlbarkeit und die ganze Größe des römischen Pontifikats brachte. Dieses ist göttliche Offenbarung.

Es ist wahr, daß auch die heilige Schrift, wenn sie ihre Thatsachen versichert, — da muß man dieselben annehmen, auch wenn man jene für einen Augenblick so betrachtet, als wäre sie nicht inspirirt, weil dieselben von Zeugen herrühren, welche Augenzeugen und betreffs aller Handlungen, welche erzählt werden, unwiderleglich sind; aber wenn jene mangelte, so würden die menschlichen Handlungen gleicherweise auf anderen Wegen erkannt werden können.

Und hier ist der Punkt, wo wir auf die historische Seite unserer heutigen Frage kommen. Hier handelt es sich darum, zu beweisen, ob Petrus (geschichtlich) nach Rom gekommen sei, und hier müssen wir die Beweisgründe in den Regeln aller und jeder Kritik aufsuchen. Dieses ist ein gewichtiges Faktum für alle Christen insgesammt, ein gewichtiges Faktum, wie er (Redner deutet nach Sciarelli hin) richtig in seiner voraufgehenden Abhandlung sagte, welches für die Kirche von Belang ist, um zu wissen, ob sie die wahre katholische ist, oder ob eine andere die Kirche ist. Dieses Faktum ist also für alle Christen von einer hauptsächlichen Wichtigkeit. Rom war nicht etwa ein winziger

Ort, irgend ein winziges Dorf, welches da in einem ganz entlegenen Winkel der Welt verlassen gestanden hätte. Hauptstadt der ganzen Welt zu jenen Zeiten, sah Rom seinem Schooße mit aller Leichtigkeit die Masse der Völker von allen Seiten zueilen und mit dieser die Masse der Christen. Die Geschichte sagt uns, und die Kritik, daß aus hundert Gründen alle Christen, von welchem Stamme sie auch sein mochten, nichts anderes thaten als nach Rom hineilen; einige, weil sie dahin geschleppt wurden als Martyrer, wie es dem Ignatius von Antiochien begegnete; andere, weil sie dorthinkamen, um die alten Geschichten, die alten Ueberlieferungen und die alten Lehren zu erfahren, wie es Hegesippus that; es kamen dahin Häretiker, wie Valentinus, wie Marcion, wie so viele andere, um zu sehen, ob sie die Häupter der römischen Kirche zu betrügen und zu ihrer Partei herüberzuziehen vermöchten. Es kam dahin Irenäus, dahin kam Polykarpus, dahin kamen hundert und hundert, die mir jetzt nicht beifallen und die ich allesammt nicht herzuzählen wüßte, um über die Angelegenheiten eben dieser Kirche, der allgemeinen Kirche, zu verhandeln. Es war ein beständiges Hin und Her; Origines, Hippolytus, Tertullian und hundert Andere waren alle Augenblicke hier, und ich spreche bloß von jenen Männern, die berühmt waren wegen ihrer Kenntnisse, wegen ihrer Würde, welche ein Andenken, einen großen Namen hinterlassen haben. Freilich hat die ganze Masse, welche kam, um das Andenken der Gräber der Apostel zu verehren, keine Spur von ihren Eigennamen hinterlassen können; aber sogar in der Sprache des Julian Apostata finden sich Spuren, daß von den ersten Zeiten an, als Johannes sein Evangelium noch nicht ganz geschrieben hatte, das Andenken der Apostel schon verehrt wurde, schon in Achtung und Ansehen gehalten wurde. Dieses Kommen aller Menschen insgesammt, aller Christen insgesammt nach Rom hin, machte daher dieses Faktum zu einem weltkundigen, hochangesehenen Faktum, zu einem universalen Faktum, dessen Andenken daher nicht verloren gehen konnte, nicht ausgelöscht werden konnte, und es ist eben das Andenken aller jener Gegenwärtigen und Zukünftigen, aus welchem wir nach den Regeln der Kritik die Beweisgründe für dieses historische Faktum schöpfen müssen, und welches jeglicher Entscheidung über den dogmatischen Werth, den eben dieses Faktum haben könnte, vorhergeht. Nun finden wir jene Reihe, auf welche

unser Gegner gerade hingedeutet hat, und welche nicht erst, wie
er sagte, mit Irenäus anhebt, sondern welche sich erstreckt durch
alle Jahrhunderte und in Wahrheit hinaufsteigt bis zu den Tagen
der Apostel selbst vermittelst ihrer ersten Nachfolger, eine Reihe,
welche wie ein allbekanntes und offenkundiges Faktum beginnt
mit jenen lieblichen und geheimnißvollen Anspielungen, welche
Jemand in ein freundliches Briefchen zu setzen pflegt, wenn er
von einer Sache spricht, die ihm selber sowohl wie demjenigen,
dem er schreibt, sehr gut bekannt ist. Sie wird allmälig das
Fundament für alle die Discussionen, auf welche die Andern,
welche nachfolgen, Gewicht zu legen haben, oder aber um einen
andern, weniger bekannten, geschichtlichen Punkt zu bestimmen.
Erklären wir uns näher! — Zur Zeit als die Väter der Kirche
gegen die Häretiker kämpfen mußten, da haben sie diese Erzählung
gar nicht neu gefunden; sondern aus der Offenkundigkeit und
Gewißheit, daß Petrus in Rom war, haben sie Folgerungen ge=
zogen gegen diese Häretiker, um sie zu bekämpfen und um sie zu
vernichten; und diese Häretiker haben nie zu leugnen vermocht
und haben nie zu leugnen gewagt diese Fundamente, welche eben
diese Väter für ihre Discussion gelegt hatten. „Du weißt es,"
sagt zum Beispiel Optatus, als er gegen die Donatisten schrieb,
„du weißt es . . . :" und Sie werden mir gestatten, daß ich
diese Worte vorlese, auf daß ich nicht zufällig eines davon verändern
möge, weil sie zu kostbar sind, weil sie hervorgegangen aus dem
Geiste, aus dem Herzen, aus dem Munde eines rechtschaffenen
Mannes. (Redner liest) „Also kannst du es nicht ferner leugnen,
du weißt es, wie in der Stadt Rom durch Petrus der bischöfliche
Stuhl von Anfang an innegehabt wurde." Ich beabsichtige jetzt
nicht, irgend eine Prüfung anzustellen, welche der Wahrhaftig=
keit dieses Textes Eintrag thun könnte . . . . (Bewegung.) Wir
werden darauf zurückkommen: sondern ich beabsichtige Ihnen zu
sagen, wie heilig diese Basis war, auf welche die Väter ihre
Darlegung gründeten. Also: „und du weißt es," sagt er; „du
kannst es nicht leugnen, daß du es weißt, Igitur negare non
potes Petrus*) . . . . In der Stadt Rom wurde durch Petrus
von Anfang an der bischöfliche Stuhl innegehabt". Derselbe

---

*) So im Resoconto L. p. 25; B. p. 40; abgekürzt und ungenau. Die
Stelle heißt: „Igitur negare non potes, scire te in urbe Roma Petro primo
cathedram epicopalem esse collatam. Anmerk. des Uebers.

Irenäus, welcher so eben von unserem Gegner citirt worden ist, spricht in derselben Weise und mit gleicher Sicherheit: „Ich könnte euch alle diejenigen aufzählen, welche, von den Aposteln eingesetzt, Bischöfe der Kirche gewesen sind, und ihre Nachfolger bis auf uns" (er spricht gegen die Häretiker). „Diesen", sagt er, „müßt ihr Gehör geben, und nicht Andern; denn das, was Jesus Christus den Aposteln gelehrt hat, das ist die Wahrheit; und das, was die Apostel ihrer Kirche gelehrt haben und ihren Nachfolgern, das muß man glauben. Indem ich nun auf die Kirchen komme, welche von Anfang an durch die Apostel gegründet wurden, da könnte ich sie euch aufzählen; aber da es zu weitläufig wäre, in diesem unserem Buche die Reihenfolge aller Kirchen insgesammt aufzuzählen nebst dem Nachweis der Ueberlieferung und des den Menschen verkündigten Glaubens, welcher eine Herleitung besitzt von den Aposteln bis auf uns, vermittelst der Reihenfolge der Bischöfe, [so möge] die größte, älteste und Allen bekannte Kirche von Rom, gegründet und errichtet von den beiden ruhmwürdigsten Aposteln Petrus und Paulus [als Nachweis dienen;] — wir werden alle diejenigen in Bestürzung setzen, welche, wie es auch sein möge, entweder aus Selbstsucht oder aus Irrthum, gegen die Pflicht reden."*)

Hier handelt es sich nicht um ein geschichtliches Faktum, welches, ohne Interesse für Jemanden oder vorgefallen in irgend einem Winkel der Welt, unbekannt geblieben und leicht vergessen sein konnte.

Sie, nämlich die Väter, berufen sich auf diese Gewißheit. Das ist nicht Alles. Wenn es sich darum handelt, die Synchronismen der Geschichte festzustellen, so nehmen sie dieses Faktum als Grundlage ihrer Auseinandersetzungen; wenn sie die Zeit bestimmen wollen, zu welcher das Evangelium des heiligen Markus aufgezeichnet wurde, so berufen sie sich auf eben jene Epoche, (die bei Weitem sicherer ist, als eben die Zeit, in welcher, ihrer Meinung nach, das Evangelium war geschrieben worden), welche die Ankunft des heiligen Petrus in Rom war; wenn sie die Grundlage der Disputation, wie sie stattgefunden habe Seitens des Simon Magus gegen denselben heiligen Petrus, feststellen wollen, so sprechen sie von seiner Ankunft in Rom; und so geht weg

---

*) Die Uebersetzung hat der ungenau citirten Stelle durch zwei Einschaltungen [ ] aufzuhelfen gesucht. Anmerk. des Uebers.

mit dem Reden. Kurz, das ganze Alterthum, bis zum Beginn jenes Jahrhunderts, in welchem sich unglücklicherweise von der Kirche die Brüder in Deutschland und England losrissen, erkannte als ein absolut notorisches und ganz offenkundiges Faktum dieses Faktum an, welches das Fundament des ganzen Glaubens, des ganzen Christenthums ist. Während nun durch dieses Faktum die Kirche wuchs, während Rom Riesengestalt gewann, wagte Keiner von den Häretikern, die ich genannt habe, dieses Faktum zu leugnen. Es ist bemerkenswerth, daß eben dieselben, obwohl sie die größte, die höchste, die erhabene Macht erkannten, welche der Kirche aus der Ankunft des heiligen Petrus in Rom entsprang, diese durchaus nicht leugneten, sondern alle sie annahmen. Es nahm sie an Tertullian, der Gegner der römischen Päpste; jener Andere, welcher als Verfasser der Philosophumena genannt wird, ein ergrimmter Verläumder des heiligen Papstes Calixtus, seines Zeitgenossen; der heilige Cyprian, in eben jener Zeit, in welcher zwischen ihm und dem Papste die Frage über die Taufe entbrannte; und ebenso noch Firmilianus von Cäsarea, der wegen derselben Frage aufgefordert war. Die andern Häretiker, welche nach und nach auftraten, Nestorianer, Jakobiten, und wer sie sonst sein mochten, wagten niemals jene Ankunft Petri zu leugnen, in der ihre Gegner, die römischen Päpste, den Ursprung jener Macht ersahen, die jene niederschmetterte. Die Männer, welche in eben jener Häresie am meisten hervortraten, haben dieselbe [Petri Ankunft in Rom] nicht leugnen können, während Rom auf Grund dieser Ankunft so gewaltig herrschte. Aber wenn Petrus nicht in Rom war, wenn er nicht in Rom gestorben war, so mußte er doch in irgend einem andern Winkel der Welt gestorben sein, und irgend eine andere Kirche mußte sich doch dieser ihrer Ereignisse erinnern und, wenn nichts anderes, doch sein Grab zeigen; und würde dieselbe nicht zum wenigsten ihre Stimme erhoben und gesagt haben: Rom gieb mir zurück, was mir gehört? Petrus ist nicht dein, sondern mein.

Eine Zeit von vierzehn, von fünfzehn Jahrhunderten hindurch hat Niemand so zu sprechen gewagt. Und das ist ein sehr gewichtiges Beweisstück, weil es kein Faktum ist, welches vorübergeht, sondern ein Faktum ist, welches im Gedächtniß fortdauert, und von welchem Jedermann Zeuge war. Und es war so bekannt, daß (ohne für jetzt zu sagen, ob jene Worte, die vorhin über die ersten Väter angeführt wurden, direkt oder indirekt unsere These beweisen), es war so bekannt, daß jene Worte selbst es uns zeigen. Der heilige Clemens spricht von jenem Tode Petri und Pauli, und er spricht davon, als wenn Alle schon damit bekannt wären. Wo er gestorben ist, den Ort nennt er nicht; wenn zu Rom, warum spricht er davon, wie von etwas das bereits von Allen mündlich erzählt worden ist? Er schreibt an die Korinther und sagt ihnen: „Kommet, kommet; wenn euch nicht genug ist an den Beispielen des alten Testaments, so nehmet dieses an, eben das, was sich zugetragen hat bei uns. Petrus gestorben bei uns" (Bewegung auf Seiten der Evangelischen) (seien Sie vorläufig unbesorgt; ich rede nicht davon, was dieses „bei uns" zu bedeuten habe, ob darunter zu verstehen ist: bei uns Christen oder bei uns Römern. Lassen wir für jetzt diese geringfügige Frage, und geben wir zu, daß es bedeute: nicht bei uns Römern, sondern bei uns Christen), „jenes, was sich bei uns zugetragen hat, ihr wisset es, ihr wisset es sehr wohl". Er sagt nicht, es ist so und so gewesen. Er sagt auch nicht, wo sie gemartert worden sind. Warum? Weil ihr es wisset, weil dieser Ort bekannt ist, und dieser Umstand des Märthrertodes. Und Johannes selbst in seinem Evangelium (und Johannes hat geschrieben, nachdem der heilige Petrus gestorben war; zu Rom oder anderswo; und Keiner kann bezweifeln, daß das Evangelium des heiligen Johannes in eine spätere Zeit fällt als der Tod des heiligen Petrus); nun gut; er erwähnt in seinem Evangelium die Prophezeihung, welche früher von Jesu Christo war ausgesprochen worden, daß Petrus des Kreuzestodes sterben würde: „Wann du aber alt geworden, wird dich ein Andrer binden und dich führen, wohin du nicht willst, indem er dadurch andeutete, durch welchen Tod er Gott verherrlichen würde." [Evang. Joh. Kap. XXI, V. 18.]

Nun war aber jener Tod bereits eingetreten, als Johannes so im Evangelium schrieb. Sehen Sie, wie er von einem auf der ganzen Welt bekannten Faktum spricht? Er deutet auf nichts hin, weil es nicht nothwendig war anzudeuten, wo dieser Tod sich zugetragen habe.

Da zeigt sich die Nothwendigkeit, daß wir dieses Faktum als ein historisches Faktum betrachten müssen, aber als ein historisches Faktum von einer Notorietät und einer Bedeutung, die wahrhaft einzig dastehen und wahrhaft nur ihm eigen sind. Dann werden die Zeugnisse der Väter und aller der Schriftsteller, die darüber gesprochen haben, zu einer Consequenz oder auch zu einem einzigen Theile der Consequenzen, welche aus diesem Faktum gezogen werden, weil jedes menschliche Faktum, das wahrhaft groß und wahrhaft edel ist, viele Consequenzen mit sich bringt, in derselben Weise wie jenes, welches Rom bekehrt hat, die Consequenz gebracht hat, das Antlitz der Erde umzugestalten. Wer auch immer noch derjenige gewesen sei, welcher die Hauptstadt der römischen Welt bekehrte, er ist der erste, fundamentale Bewirker jener Wandlung gewesen, welche die Menschheit aus dem Heidenthum und aus dem Judenthum zur Kirche umgebildet hat; er ist derjenige gewesen, welcher an Stelle der Gottheit des Capitoliums und an Stelle des Tempels Jehova's, der zu einem Tempel von Pharisäern geworden war, die Kirche gesetzt hat; er hat auf diese Weise die Apices [gli Apex; sic!] der römischen Auguren, wie die missnepheth der Hohenpriester zu Falle gebracht und hat an ihre Stelle die Tiara gesetzt. Und ein so glänzendes und großartiges Faktum hat tausend Consequenzen, von denen eine darin besteht, daß die Zeitgenossen darauf anspielen und den Werth erkennen lassen, ohne auch nur einmal nöthig zu haben, auf zu genaue Einzelheiten sich einzulassen, weil der ganze übrige Theil der Menschen jener Epoche es kennen, es bestätigen in jedem ihrer Aussprüche, in jedem ihrer Worte.

Wenn Sie mir's gestatten, so halte ich einige Augenblicke inne. (Kurze Pause.)

Damit das, was wir gesagt haben, für Niemanden ein wenig unbestimmt bleibe, werde ich mir erlauben, nicht etwa die Zeugnisse der Väter vorzulesen, welche beigebracht werden könnten, sondern in Kürze ein Verzeichniß derjenigen durchzugehen, welche direkt von der Anwesenheit des heiligen Petrus in Rom und von den Thaten gesprochen haben, die er dort vollführt hat, wenigstens bis auf die Zeiten des heiligen Gregors, des Großen. Um nicht zu langweilen, dehne ich diese Prüfung nicht weiter aus auf die spätere Zeit, (aber ich schränke sie auch nicht ein auf zu wenige Generationen), weil es unnütz, beinahe unmöglich sein würde, alle jene Männer aufzuführen, welche davon gesprochen haben. Ich dehne sie also nicht aus auf alles das, was wir gesagt haben, weil bereits dieses Faktum so interessant, so offenkundig und bekannt war und jeden Tag mehr so gewichtig wurde, daß es im Interesse jeglicher Person, nicht nur im ersten, sondern auch im zweiten, im dritten, im vierten, im fünften und zehnten Jahrhundert gelegen haben würde, sich ihm zu widersetzen, wofern der geringste Anhaltspunkt dagewesen wäre, um es leugnen zu können.

Beginnen wir also unter den Vätern auf meine Gefahr mit Papias, welcher von meinem Gegner genannt worden ist, und mit Irenäus von Lyon, jenem Irenäus, der zum wenigsten an drei Stellen auf dieses Faktum zu sprechen kommt. Auch erwähnt es Tertullian in dem Buche über die Taufe, in der Schrift Scorpiace und in dem Buche gegen Marcion: dann Clemens von Alexandrien; dann der Verfasser der Philosophumena; dann Origenes an zwei Stellen; und Cyprianus an zwei Stellen; dann der Verfasser des Buches gegen die Rebaptizanten [de rebaptismate], ein Bischof und wahrscheinlich römischer Papst, ein Zeitgenoß des heiligen Cyprian; der heilige Firmilian, Bischof von Cäsarea; Arnobius; Victorinus von Pettau; Petrus von Alexandrien; Firmianus Lactantius in dem Buche [den Büchern] von den göttlichen Institutionen und in dem Buche über die Todesarten der Verfolger, wofern dieses Buch von Lactantius herrührt, und im anderen Falle wird der Verfasser dieses Buches ein weiterer Zeuge sein; Eusebius von Cäsarea, von welchem ich mir erlauben werde ein einziges Zeugniß vorzulesen, nicht als einen Beweis, sondern um auf den Stand der Frage aufmerksam zu machen, wie wir sie zuzulassen und in das historische Faktum zu setzen pflegen, da sie von diesem Autor recht gut berührt worden ist.

Diese Stelle ist entnommen aus des genannten Eusebius Theophaneia, Fragment V, welches in der neuen Bibliothek [Biblioth. nova Patrum] von dem hochgelehrten Cardinal Mai veröffentlicht wurde, S. 120 (liest): „Von den Thaten, die Petrus vollbrachte, liefern Beweise eben jene Kirchen, welche bald darauf leuchteten, wie zum Beispiel die Kirche von Cäsarea in Palästina, so ferner jene von Antiochien, von Syrien und die Kirche eben dieser Stadt Rom: — weil es ja dem Andenken der Nachwelt überliefert worden ist, daß derselbe Petrus diese Kirche und alle die benachbarten errichtete. Und so auch jene Aegyptens und Alexandriens selbst, obwohl diese [letzteren] nicht in eigener Person, sondern vermittelst seines Schülers Markus, weil er unterdeß sich in Italien beschäftigte und unter den benachbarten Völkern."

Ich fahre nun fort in dem Verzeichniß der Namen: Commodianus; Lucifer von Cagliari; Cyrillus von Jerusalem; die Chronologen Bucherianus und Bernensis, und di Palemio Silvio . . . . . . Athanasius, der Verfasser der sogenannten Athanasianischen Synopsis; das den epistolae festales des Athanasius vorausgeschickte Chronikon; Julian Apostata; Ephräm Syrus; Papst Damasus; Optatus von Mileve; Julius Pollux; Philastrius von Brescia; Ambrosius von Mailand; Gregor von Nazianz; Epiphanius an mehreren Stellen; Prudentius; Theodor von Mopsuestia; Moses Corenensis; Jakobus von Sarug; Abraham Mamiconensis; Nursetes der Nestorianer; Paulinus von Nola an mehreren Stellen; Eusebius von Alexandrien; Johannes Chrysostomus; Hieronymus an sehr vielen Stellen; Augustinus von Hippo an sehr vielen Stellen; Leo der Große und viele andere bis auf Gregor den Großen, welche ausführlich oder theilweise erzählen, oder hindeuten und anspielen auf den Aufenthalt des heiligen Petrus in Rom. Und ferner habe ich sprechen wollen von den Vätern, welche hinsichtlich der Sprache und des Ortes, und zuweilen auch hinsichtlich der religiösen Gesinnung von Rom weit entfernt, weil sie nicht in Allem katholisch waren, dennoch dieses Faktum zugestanden.

Da haben wir die Masse und die Großartigkeit der kritischen Zeugnisse, welche sich beibringen lassen für dieses historische Faktum, — sichtbar für Aller Augen, nicht bedürftig, durch eine besondere Offenbarung bekräftigt zu werden, — von der Ankunft des heiligen Petrus in Rom.

Und nunmehr werden wir nach entgegenstehenden Beweismitteln Jeden fragen, der da sagt, daß er [Petrus] nicht dagewesen ist; und diese würden sehr angenehm für uns sein, sofern sie bewährt wären.

Wir würden schweigen, wenn zum Beispiel die Schrift sagte, daß Petrus anderswo gestorben sei, da dieser Punkt, sein Tod, der erhabenste, der feierlichste in dieser unserer Frage ist. Daß sich in der Schrift zum wenigsten ein Befehl an Petrus fände, nicht nach Rom zu gehen, zum wenigsten eine Prophezeihung! Wir haben viele andere ebenfalls ersichtliche Thatsachen, deren die Schrift uns versichert, unabhängig von dem dogmatischen

Werthe, den ihr Wort haben mag. Anstatt bewährter Beweismittel werden uns blos zwei Argumente entgegengestellt. Das eine ist jenes, welches in den Schulen das Argument des Schweigens genannt wird, und gründet sich auf das Schweigen, welches die Schrift bei Gelegenheit beobachtet; das andere ist das Argument der chronologischen Schwierigkeiten. Aber gemach! Das Erste wissen wir bereits; wir müssen alles das glauben, was die heilige Schrift sagt; aber wir sind nicht verpflichtet, nichts von dem zu glauben, was die heilige Schrift mit Schweigen übergeht, auch hinsichtlich der geschichtlichen Thatsachen. (Bewegung.)

Lassen wir es einen Augenblick zu, daß von unsern Gegnern gesagt werden könnte, ihrer Meinung gemäß, dieses ist kein Dogma, die Ankunft Petri in Rom ist kein Dogma, und wir werden erwidern, daß es ein historisches Faktum ist. Das Schweigen ist ein negatives Argument, und ich wiederhole, wie ich sagte, unserem Gegner: Es sind so häufig die Gründe des Schweigens angeführt worden, oder vielmehr, es ist nicht nöthig, sie anzugeben, weil es positive Argumente in so großer Anzahl und von so großer Bedeutung giebt, die diesem Schweigen entgegenstehen. Das Argument der Chronologie, welches man uns entgegenstellt, ist nicht einmal der Schrift entnommen. Was ist es also, was man entgegenstellt?

Wer sich dieses Arguments bedienen will, der muß damit beginnen, daß er die Meinung des Herrn Ellendorf zuläßt. Man muß damit beginnen, daß man sagt, es wird allgemein angenommen, daß in dem und dem Jahre dieses Faktum vorgefallen ist, und daß jenes andere vorgefallen ist in jenem anderen Jahre; aber die Schrift hat uns die Chronologie nicht gegeben, und wir sind es, welche sie machen müssen. (Bewegung.)

Präsident. Meine Herren, Sie werden gebeten, sich ruhig zu verhalten.

Fabiani. Dann können die Zweideutigkeiten und die Schwierigkeiten aus unserer schlechten Auslegungsweise entstehen. Wenn wir irgend eine Chronologie machen wollen, so müssen wir vor Allem die absoluten und sicheren Fakta zur Grundlage nehmen, die Fakta, welche gut bekannt sind; und wenn eine Chronologie, die wir auf die Worte der Schrift bauten, jene feststehenden Fakta nicht einschlösse, so würde das kein Versehen der Schrift, sondern ein Versehen unsererseits sein. Jedes Jahr bauen die Protestanten diese Chronologieen der Schrift wieder auf, aber sie haben sich niemals und werden sich niemals in Uebereinstimmung bringen können. Welcher Art ist die Gewißheit, ich will nicht sagen: für die Ankunft des heiligen Petrus, sondern für die Ankunft des heiligen Paulus zu Rom? Daß der heilige Paulus nach Rom gekommen sei, das sagt die heilige Schrift, das sagt der heilige Lukas, und seine Briefe sagen es. Selbst einem Ungläubigen, welcher weder Schrift noch Offenbarung anerkännte, geschweige denn einem evangelischen Protestanten oder einem Katholiken, welche insgesammt die heilige Schrift als Wort Gottes verehren, ist dieses Faktum so klar und so gewiß, daß man es niemals in Abrede stellen könnte. Es hat kaum einen oder zwei Menschen gegeben, die tollsten unter den Rationalisten, ich erinnere mich nicht, ob Meyer oder Strauß, welche, da sie die Ankunft des heiligen Paulus in Rom leugnen wollten, die Echtheit der Apostelgeschichte haben leugnen und erklären müssen, daß die Briefe des heiligen Paulus diesem nicht zugehörten, und so viele andere Albernheiten, denen kein Mensch Gehör geschenkt hat, und Anhänger haben sie nicht gefunden.

Nun gut; dieses Faktum des heiligen Paulus, so klar, so leuchtend, das Faktum seiner Ankunft in Rom, und welches das Fundament jener ganzen Chronologie bildet, die uns entgegengehalten wird, wann hat es sich zugetragen? In welchem Jahre? Wer weiß es zu sagen?

Eusebius läßt es im Jahre 55 eintreten — (Redner liest aus seinem Buche: Notizie di Simon Mago. Roma 1868. —) Sie werden entschuldigen wegen dieses Buches; es ist bereits vor vielen Jahren veröffentlicht worden, und deßhalb könnte man zu dem, was ich nun vorlesen werde, einen Zusatz machen. — Eusebius: im Jahre 55; Bengel und Sepp: im J. 56; Hieronymus, Baronius, Capello: im J. 57; er kam dahin im J. 58 nach Patrizi; im J. 60 nach Basnage, Vogel, Kuinoel; im J. 61 nach Howson und Conybeare, Pearson, Spanheim, Tillemont, Bertholdt, Feilmoser, Winer, Wurm, Anger, Wieseler; für das J. 62 sind Hug, Schmid, Schrader, Hemsen, Schott; für das J. 63 Usser, Michaelis, Heinrichs, Eichhorn. Aber wenn alle die Chronologieen nach den von mir citirten Autoren in einer derartigen Unsicherheit sich befinden, wie können Sie dann auf Grund einer derartigen Unsicherheit dazu kommen, gegen ein Faktum aufzutreten, welches so allgemein bezeugt ist von so vielen Zeugen? Was denn? War der heilige Petrus eine Bronzestatue, so daß die Katholiken hätten glauben müssen, er hätte, einmal nach Rom gekommen, dort angenagelt verharren müssen, ohne sich bewegen zu können? Was machte es ihm für Schwierigkeit, von einem Orte zum andern zu gehen und zu kommen, in derselben Weise, wie das der heilige Paulus that, von Kirche zu Kirche reisend, Rom verwaltend, und bald in Antiochien, bald in Jerusalem, bald in irgend einer andern Gegend sich befindend, wo ihn der heilige Geist gewollt hatte, wohin er ihn gerufen hatte?

Wie viele Tage waren dazu nöthig, um zum Beispiel von Cäsarea nach Rom zu kommen? Etwas mehr als vierzehn Tage. Es gab zwar keine Dampfschiffe, das versteht sich; es gab keine Eisenbahnen, das ist wahr; aber bei dem großen, ungeheuern Verkehr, den damals die Menschenwelt mit Rom hatte, waren die Gelegenheiten, zu kommen und zu gehen, sehr häufig, tagtäglich.

Endlich haben hochgelehrte Männer unter den Protestanten, Männer, die zugleich in Allem, was die Kunst des Seewesens belangt, sehr bewandert sind, Smith und Penrose, mit Zugrundelegung eben jener Reise des heiligen Paulus, sowie der Berichte, welche in der Apostelgeschichte stehen, die Zeit berechnet, welche die Schiffe brauchten, die von Cäsarea nach Rom kamen; sie legten 7 Knoten zurück in der Stunde, und brauchten daher 177 Stunden oder $7\frac{1}{3}$ Tage, um von Cäsarea nach Pozzuoli zu kommen, und so versichert uns Plinius selber, daß er von Alexandrien nach Pozzuoli kam in 9 Tagen, von Alexandrien in Aegypten in 9 Tagen, und in 7 Tagen von Alexandrien nach Messina.

Cäsarea und Jerusalem sind, wie Sie wissen, in ihrer Entfernung von Rom nur wenig unterschieden von Alexandrien in Aegypten. Von Messina und von Pozzuoli aus gelangte man in 2 bis 3 Tagen nach Rom, weshalb eine Reise von Palästina nach Rom nicht mehr als einen halben Monat beanspruchte, und wenn Petrus ferner zuweilen nach Babylon gegangen wäre, so würde auch diese Reise, ungefähr 600 Meilen (bei weitem länger als die Reise, die ihn nach Rom führte, weil man nach Rom zur See kam und bei weitem schneller, und die babylonische Reise mußte mit Caravane gemacht werden, welche nur 15 bis 20 Meilen auf den Tag zurücklegt) ich meine, jene Reise würde nicht mehr als zwei Monate in Anspruch genommen haben.

Und hier wird mir gesagt, warum erscheint der heilige Petrus zuweilen da und dort, und warum hält er sich im Orient auf? und deshalb sagt man, daß die Chronologie nicht die Zeit dazu giebt, ihn dahin kommen zu lassen, während wir in dieser Chronologie, wenn ich recht verstanden habe, unversehens vom Jahre 45 zum Jahre 56 übergegangen sind, ohne über den Zwischenraum Rechenschaft zu geben. Mit Hintansetzung der Chronologie von Ellendorf, von Michaelis und von Andern, wofern es da auch eine Chronologie gäbe, der man nichts anhaben könnte, wenn es geriethe, eine Chronologie herstellen zu können, auf die man sich verlassen dürfte und welche die glaubwürdigen Elemente in Zeit und Ort enthielte, und alle insgesammt übereinstimmten, dann könnte die Schwierigkeit entstehen. Aber wenn es absolut unmöglich wäre, in diese Chronologie ein Faktum, so bekannt und durch seine Zeugnisse selbst so sicher wie die Ankunft des heiligen Petrus in Rom, einzufügen, so würde schon darum allein diese Chronologie falsch sein, weil die Chronologie sich auf die von der Geschichte beglaubigten Fakta stützt, ehe sie selbst auf eigenen Füßen gehen kann.

Und meinen Gegnern möchte ich sagen: Ihr denkt nicht daran, daß Ihr außer den Katholiken, welche mit Euch suchen und verlangen, die Wahrheit wahrhaftig zu finden, noch andere Feinde habt; Ihr habt die Ungläubigen und die Rationalisten, welche die heilige Schrift nicht zu dem Zwecke studiren, um einen Gewinn für ihre Seele daraus ziehen zu können, um die Wahrheit darin zu finden, sondern um sie zu zerstören, sondern um sie zu vernichten.

Wisset Ihr, was diese Euch sagen würden, wenn man zu dieser harten Consequenz käme, daß die Chronologie der Schrift, nicht jene auf gewisse Schrift-Daten von uns aufgebaute, sondern daß die Chronologie der Schrift ganz und gar die Ankunft Petri in Rom ausschlösse? Sie, welche die Schrift nicht annehmen als Wort Gottes, sie würden sagen, daß über die Ankunft des heiligen Petrus in Rom hundert und hundert Zeugnisse da sind; daß Jener, welcher gesagt hat, daß er nach 14 Jahren zu Rom ankam, nur Paulus allein ist, und daß gegen so viele Zeugnisse das Wort und die Autorität Pauli nichts gilt, und sie würden sich dieses Argumentes bedienen gegen Euch!

Es sind völlig 41 Jahre, — Sie erlauben, daß ich für einen

Augenblick von mir selbst spreche, nicht um die Persönlichkeit eines Menschen in diese so heilige Discussion über das Wort Gottes einzuführen, — aber es sind völlig 41 Jahre, seitdem ich begann, die Zahlen, welche sich in den göttlichen Schriften finden, zu studiren, diese Schrift-Chronologie zu studiren, und es sind noch nicht zwei Jahre verflossen, daß ich die Kühnheit gehabt habe, den Augen des Publikums die Resultate dieser meiner so langwierigen Bemühungen vorzulegen; — sie sind vielmehr noch nicht beendigt; — dazu bot mir Gelegenheit die Auffindung jener langen Reihe Assyrischer Eponymi, d. i. der Magistrate Assyriens, welche unlängst in den keilförmigen Inschriften aufgefunden worden ist. Es gaben mir diese Reihen die Gelegenheit, den Versuch zu machen und jene Studien zu veröffenlichen, welche jenen Theil der Schrift-Chronologie betrafen; und ein unter den Gelehrten verehrter Name, der Herr Richard Lepsius (Ricc. Leipsius!), den Viele unter Ihnen werden nennen gehört haben als den Patriarchen der chronologischen Studien, welche den Orient betreffen, in unseren Tagen, sagte im Jahre 1860,*) daß mit Auffindung dieser Reihe Assyrischer Eponymi die Schrift-Chronologie abgethan wäre, und es sei ganz und gar unnütz, noch weiterhin Untersuchungen darüber anzustellen, um zu sehen, wie man mit diesen neuen, an's Licht gekommenen Denkmälern das Wort der heiligen Bücher der Könige in Einklang bringen könne.

Da waren berühmte Männer, der Doctor Oppert, de Sauci und Andere, welche zu antworten versuchten; auch ich versuchte es; ich weiß nicht, ob ich in's Schwarze getroffen habe; aber sicherlich war das, was ich habe sagen müssen, ziemlich verschieden von allem dem, was jemals in der Schrift-Chronologie war gesagt worden.

Ah! wenn vielleicht einer von meinen Gegnern zuweilen eine Stunde auf diese Studien verwendet und sich Mühe gegeben hätte, wie es nöthig ist, sich Mühe zu geben mit jenen Ziffern, ehe man daraus eine allermindestens beachtenswerthe und sichere Lösung ziehen kann, da würde er nicht mit solcher Dreistigkeit von der Schrift-Chronologie sprechen; und wir streiten hier nicht über die Chronologie des heiligen Petrus, welche von unserem Gegner

---

*) Die Ausgabe B. p. 55 hat: 1869. Anmerkung des Uebersetzers.

seiner aus der Schrift geschöpften Chronologie entgegen gehalten worden ist; wir streiten über die Reise nach Rom; ein einziger Tage, ich wiederhole es, den der heilige Petrus in Rom gewesen wäre, giebt die These gewonnen, die wir vertheidigen.

Mit den 25 Jahren, unser Gegner hat es gesagt, nimmt es unter den Katholiken der Eine auf diese, der Andere auf jene Weise. Das ist nicht der Gegenstand der Frage, jeder hat seine Chronologie, weil sich deren hundert und hundert, katholische und protestantische, aus den Worten der Schrift herleiten lassen.

Ja, ich wiederhole, das ist nicht der Gegenstand unserer Frage. — Wir müssen sehen, ob der heilige Petrus in Rom gewesen ist; denn wenn er einen einzigen Tag daselbst gewesen ist, so ist der Satz falsch, daß er niemals dahin gekommen sei.

Zum Schlusse wollen wir zu einigen von unserem Gegner berührten Punkten bloß irgend einen kleinen Zusatz, irgend eine kleine Bemerkung machen.

Da werden wir zuerst von den geistigen Eigenschaften des Papias sprechen, sofern es ja ein anderes Mal dazu nicht kommen mag, darüber Bericht zu geben.

Es ist wahr, Papias war kein Mann von vielem Talent; aber er war äußerst sehnsüchtig und begierig zu erfahren, was von den Aposteln und von den Schülern des Herrn vollbracht worden sei. In dieser Absicht unternahm er, nach Eusebius, viele Reisen und verwendete einen großen Theil seines Lebens. Und da war es der Umstand, daß er nicht aufgewecktten Geistes gewesen ist, was ihn gebunden hielt, ohne irgend einen Zusatz das zu wiederholen, was er vernommen hatte. Wiederholte er Fremdes, so konnte er Eigenes nicht erfinden. Wenn es sich handelte um Ansichten in der Art und Weise, auf wissenschaftliche Dinge sich zu verstehen, so konnte er leicht auf Fehlerhaftes verfallen, und in der That verfiel er auf den Irrthum, die Ausdrücke über das Reich Jesu Christi materiell zu fassen und zu glauben, daß tausend Jahre hindurch in Tanzbelustigungen und Tischgelagen, in einem immerwährenden Fasching, die gesammte Schaar der Heiligen des Herrn regieren würde, indem er eine schlechte Auslegung (Heiterkeit), weil er kein bedeutendes Talent hatte, von den Worten machte, welche das zukünftige Reich im Paradiese betrafen. Aber bei der Wiederholung eines rein historischen Faktums, wie er es hatte erzählen hören, bedurfte er keines ungewöhnlichen Genies, noch eines großen Geistes. Gerade in derselben Weise (weil das ja eine kritische Frage ist, welche wir hätten bei Seiten lassen sollen; aber es ist doch gut, daß sie berührt wird) gerade in derselben Weise betreffs der Worte des Ignatius, was auch immer deren Werth sein möge,*) mögen Sie bemerken, daß die Briefe des Ignatius in vielfachen Gestaltungen auf uns gekommen sind, und es ist nicht sicher, ob die längeren oder die kürzeren absolut die glaubwürdigeren und echten seien, indem man nicht weiß, ob Jemand vielleicht hinzugefügt oder erläutert habe, oder ob Jemand vielleicht blos einen Auszug daraus zu besitzen gewünscht habe. Man muß jedoch anmerken, daß die Worte, welche die Anspielung enthalten, die Ignatius auf die Apostel Petrus und Paulus macht, in sämmtlichen Uebersetzungen der Briefe des heiligen Ignatius stehen, die syrische Uebersetzung nicht ausgenommen, welche die kürzeste ist und vor nicht langer Zeit von dem hochgelehrten und kenntnißreichen Tischendorf veröffentlicht wurde, also daß bei den Kritikern kein Zweifel statthat über die Echtheit jener Worte, welche in Frage kommen könnten.

Schließlich hat er als schlechterdings absurd die Ansicht derjenigen hinstellen wollen, welche glauben, daß Babylon gewissermaßen ein Kriegsausdruck für Rom wäre, gewissermaßen ein Symbol, welches zu Anfange schon von den Christen gebraucht wurde, die die Weissagungen von Isaias, von Michäas und von anderen Propheten, welche sich drohend gegen Babylon aussprachen, auf Rom anwendeten, und dann in diesem Briefe Petri, und dann in der Apokalypse und in den Briefen Pauli.

Mein gelehrter Gegner hat jene Ansicht, welche dies für einen Kriegsausdruck hält und glaubt, daß er Rom bedeute, fast als schlechterdings absurd behandeln wollen; und er hat uns schließlich gesagt, daß Herr Michaelis, ein guter und berühmter Mann, der aber schließlich schon vor einer ziemlichen Zeit geschrieben hat, nämlich am Ende des vorigen Jahrhunderts, gerade diesen Punkt als entschieden hingestellt hat.

---

*) Die Ausgabe L. macht an obiger Stelle ein Punktum und beginnt mit dem Folgenden: Avvertano etc. einen Absatz. Die Uebersetzung folgt Ausgabe B.
Anmerkung des Uebersetzers.

Ich will mich auf eine besondere Discussion über diese Frage nicht einlassen, obwohl mein Gegner erklärt hat, die ganze Tradition der besten alten Interpreten, oder fast die ganze, sei für diese Meinung gewesen, da ich doch glaube, daß das zweideutig sein könne, was gesagt worden ist, daß dort im Orient die Alten anders gedacht haben, weil ein einziger Autor, Cosmas Indicopleustes, gebürtig aus Aegypten, der den Orient durchzog und auch nach Assyrien sich wendete, behauptet hat, das Babylon jenes Briefes Petri wäre das Babylon in Chaldäa. Es hat auch noch später im 12., 13. und 14. Jahrhundert einen und andern Autor gegeben; darum konnte man diese Tradition der Alten nicht anführen, um dem heiligen Hieronymus entgegenzutreten, sowie den Andern, die mein Gegner namhaft gemacht hat, und Andern, die man namhaft machen könnte, welche gesagt haben, daß Babylon Rom wäre. Und diese jüngeren Autoren leugneten gleichwohl nicht, daß, wenn Petrus zu Babylon gewesen wäre, er auch zu Rom gewesen wäre.

Um über diesen Punkt die Disputation nicht weit auszudehnen, werde ich bloß das Zeugniß eines viel jüngeren, in der Zahl der nichtkatholischen, sehr achtungswerthen Autors beibringen, welcher seinen Commentar über diesen Brief des heiligen Petrus und über die sieben katholischen Briefe im Jahre 1870 drucken zu lassen begonnen hat, und welcher [Commentar] später im Jahre 1871, in Folge, wie ich glaube, des Krieges, der seine Arbeiten unterbrach, veröffentlicht wurde, und das ist ein sehr geachteter Mann unter den protestantischen Schriftstellern, der Dekan, meine ich, von allen Interpreten Deutschlands, Ewald.

Der hat nun anerkannt in dieser seiner Arbeit aus dem verflossenen Jahre, daß Babylon Rom bedeutet, und daß von Rom aus dieser Brief von Petrus selbst geschrieben worden ist. Die Beweisführungen also sowohl von Clarke wie von Michaelis sind doch nicht von solcher Art und von solcher Kraft gewesen, wie sie anscheinend von unserem Gegner angesehen wurden; denn nicht blos die katholischen, sondern selbst die akatholischen Schriftsteller sind heutzutage nicht einmal bereit sie anzunehmen; und Ewald bezeichnet als eine Meinung ohne allen Grund diejenige, welche nicht*) Rom darin erkennt. Wenn ich nicht irre, nennt

---

*) In der Ausgabe L. p. 36 fehlt: non, welches B. p. 60 hat. A. d. Ueb.

er dieselbe eine „**ganz grundlose**". Er stützt sich nun also nicht auf das Argument der Tradition, sondern auf die Argumente innerhalb jenes Briefes. Ich spreche von seiner Meinung; ich beabsichtige nicht, seine Ansicht zur meinigen zu machen, sondern ich beabsichtige, der beigebrachten Autorität des Michaelis und des Clarke eine wie ich glaube beachtenswerthere Autorität entgegenzustellen, weil er das, was Michaelis, freilich auch ein bedeutender Mann, gesagt hatte, sehen und wägen konnte und sich die neuen und noch jüngeren Studien zu Nutzen machen konnte. Und der Name Heinrich Ewald — ich glaube,*) daß seine Gelehrsamkeit und sein Kriterium von dem höchsten Gewichte sein dürfte. Der bedient sich nun der geographischen Argumente und sagt: Ein aus Babylon geschriebener Brief, zum Beispiel, durfte nicht zuerst nach Pontus, dann Galatien und dann nach Kappadocien und nach Asien und nach Bithynien kommen; ganz im Gegentheil hätte er von Babylon zunächst nach Kappadocien kommen müssen, und dann nach Pontus, andererseits Asien und dann Galatien und Bithynien. Es waren jene beständigen Reisenden, welche von Rom aus auf See gingen, vielleicht solche, die von Pontus aus die Barken mit Thunfischladung nach Rom gebracht hatten und dorthin zurückkehrten: solche waren es, welche diese Briefe überbrachten. Auf der Küste des Meeres lag Pontus, dann ging man von Pontus nach Babylon quer durch Kappadocien, und darum kam es an zweiter Stelle in jener voraufstehenden [Reihenfolge?]; und dasselbe sagt er**) von den übrigen, welche Provinzen in jener voraufstehenden [Reihenfolge?] so verbunden waren, wie die Beförderung mit sich brachte, durch welche jener Brief von Pontus aus in alle die andern [Provinzen] verbreitet werden sollte. Derselbe fügt noch viele andere Gründe hinzu, um zu beweisen, wie Petrus in jenem Briefe ganz eigentlich den Empfindungen gemäß rede, welche ihn zum Richter und Schiedsmann, wie wir sagen würden, zwischen denjenigen machten, welche zu viel von den alten Lehren abschaffen wollten, und jenen, welche sie allesammt bewahren wollten. Er

---

*) Beide Ausgaben: ò il nome ecc., wohl irrig statt: e il nome.
Anmerkung des Uebersetzers.

**) In beiden Ausgaben steht: dite, wahrscheinlich Druckfehler statt: dice. Die Stelle ist auch im Uebrigen unklar. Anmerk. des Uebersetzers.

fügt viele andere Dinge hinzu; er sagt: Beachtet, daß Petrus von einer Verfolgung spricht, welche anhebt und welche ihn, der schreibt, gleicherweise bedroht, wie jene, die in Pontus, in Asien, in Bithynien und in Kappadocien weilen. Da das nun ziemlich klar ist, so giebt es kund, daß die Verfolgung gemeint ist, welche Nero im römischen Reiche anstellte. Wenn er [Petrus] nämlich zu Babylon gewesen wäre, so war er nicht unter dem Drucke dieser Verfolgung, weil Babylon nicht zum römischen Reiche gehörte, und er frei gewesen sein würde, getrennt davon gewesen sein würde; und, ich wiederhole es, ich bringe nicht meine Meinung vor; ich stelle die Worte eines sehr achtungswerthen Akatholiken, ich stelle die jüngst gegebene, heuttägige Entscheidung den Autoritäten gegenüber, die beigebracht worden waren. Aber demnach, meine lieben Herren, sehen Sie es augenfällig, welche kleinlichen und elenden Streitfragen es sind, die man diesem großen Faktum entgegenstellen will, welches das Fundament der ganzen Kirche ist, nicht bloß für uns, sondern für Alle, auch für unsere Gegner; denn wenn Petrus nach Rom gekommen ist, dann wird es, Sie wissen es, für alle diejenigen, welche Christus berufen hat, nothwendig sein, der Stimme des Nachfolgers der Apostel zu gehorchen, für alle Menschen, welche Jesus zu erlösen gekommen ist.

Aber sehen Sie nicht dieses Faktum, so leuchtend, so interessant, so völlig bezeugt von einer unendlichen Masse von Zeugen jedes Jahrhunderts, jeder Zeit, jeder Denkart, worin sich die alten Häretiker mit den alten Katholiken vereinigen, die Gelehrten mit den Ungelehrten, der Orient mit dem Occident, die Päpste mit den Häuptern des Schismas, mit den Patriarchen der übrigen Kirchen, mit jenen, welche von Rom sich trennten? Ein Faktum, welches von Malern, Bildhauern, von Künstlern dargestellt worden ist? Ein Faktum, in welchem alle Menschen, kann man sagen, welche in der christlichen Religion gelebt haben durch so viele Jahrhunderte erkannt haben gleichsam ihres Glaubens Fundament, gleichsam das, was bewirkte, daß auf ihnen eine Hierarchie lastete, eine Herrschaft, die Viele sogar tyrannisch nannten? Ein so anerkanntes Faktum will man bekämpfen mit der Streitfrage um ein Jahr mehr oder um ein Jahr weniger, in Folge der Meinung von Michaelis und von Ellendorf?

Zum Schlusse, um nichts von dem zu vergessen, was angedeutet worden ist, wurde gesagt, daß die Mission, welche Petrus und Paulus hatten, verschieden war.

Es ist wahr, Petrus war auserfehen, den Beschnittenen zu predigen, und er wird sogar der Apostel der Beschneidung genannt; Paulus für die Heiden. Darum, sagt man, ist Petrus nicht nach Rom gekommen; also zu Rom gab es keine Beschnittene, zu Rom gab es keine Hebräer? Aber ich erinnere mich nicht, ob Cicero in seiner Rede pro Flacco sagt: Ich muß jetzt von dem Golde sprechen, dessen Fortschaffung nach Judäa Flaccus verhindert hat, und da geziemt es sich, daß ich leise spreche, damit diese Juden nicht Tumulte und Lärm machen. So mächtig war die jüdische Kolonie, obwohl sie erst wenige Jahre vorher angefangen hatte, nach Rom zu kommen; so mächtig war sie, um Cicero einzuschüchtern und ihn zu veranlassen, leise zu sprechen. Es wurden darauf die Juden beschützt von Caesar, und darauf von Augustus. Und dann, haben wir nicht in so vielen lateinischen Dichtern die Erinnerung an die tricesima sabbata? einen Dichter, welcher sagt: solas deducere verpas, blos den Beschnittenen und keinem Anderen den Weg weisen? Und dann, sagt uns nicht Josephus, wie groß die Macht jener Juden in Rom wäre, bis zu jenem Momente, daß zu Seiten Nero's Poppäa, eine hebräische Proselytin, saß? Und sagt uns denn Paulus nicht, daß es Hebräer in Rom gab? Solche, die in ihrem Hebraismus verhärtet waren, solche, die nicht übereinstimmend waren, waren denn nicht auch sie ein Theil der Hebräer, denen mit allem Rechte Petrus das Evangelium würde verkündet haben, denen gegenüber er mit allem Rechte sein Apostolat würde ausgeübt haben? Auch dieses bildete eine Klarlegung, eine Bedeutung eben dieses Faktums. Ah! ich glaube, daß, bevor man ein so wichtiges, so feierliches Faktum bekämpfen kann mit dem Schweigen der Bibel oder mit negativen Argumenten, mit kleinlichen Schwierigkeiten von Ihnen aufgebauter Chronologieen; daß, bevor man es damit bekämpfen kann, die Macht anderer gegentheiliger Beweise nothwendig sein würde, welche diese Universalität, diese Notorietät des Faktums, das vollständige Bekenntniß so vieler Schriftsteller und so vieler Jahrhunderte zu zerstören im Stande wären, die da Zeugniß geben von der Ankunft des heiligen Petrus zu Rom.

Ribetti.

Ribetti: Meine Herren! Es thut mir leid, nicht sagen zu können, wie mein verehrter Gegner, daß ich die Frage vierzig Jahre studirt habe, weil ich in diesem Alter noch nicht stehe. Desungeachtet habe ich über die Frage, welche hier discutirt wird, einige Studien gemacht. Ich verlange von ihnen nicht, daß Sie meine Worte als infallibel entgegennehmen sollen, sondern ich verlange von Ihnen blos, daß Sie meine Auseinandersetzung anhören mögen, sie festhalten, wenn sie gut, sie abweisen, wenn sie schlecht ist.

Mein Gegner hat damit begonnen, daß er sagte, mein Kollege sei von der These abgewichen. Im Gegentheil, mein Kollege ist direkt auf das Ziel losgegangen und hat bewiesen, mit den einzigen echten Beweismitteln, das heißt, mit der heiligen Schrift, welche auch unsere Gegner zu achten gezwungen sind, daß der heilige Petrus nicht nach Rom gekommen ist. Unsere Gegner, welche als gelehrte Männer, wie sie sind, das kennen, was man seit so vielen Jahrhunderten gegen die römische Kirche schrieb, haben die Gewohnheit, ihren Zuhörern, welche (ich darf es, ohne Sie zu beleidigen, aussprechen) diese Dinge nicht kennen, zu sagen: **Es sind die gewohnten Einwürfe, es sind die gewohnten Dinge.** Und wenn ein römischer Theologe gesagt hat: „Es sind die gewohnten Dinge", da muß ein guter römischer Katholik vor der kirchlichen Autorität das Haupt beugen, muß sagen: Alles ist zu Ende. Aber wir, die wir nicht so leicht das Haupt beugen, wir Söhne der freien Forschung und der heiligen Schrift, wir machen die Augen auf und wollen in eigener Person sehen, ehe wir glauben.

Unser ehrenwerther Gegner sagte, daß mein Kollege Unterscheidungen von Nebenumständen, Art und Weise, und Dauer gemacht habe hinsichtlich der Ankunft Petri in Rom. Wollen Sie, daß man jene Unterscheidungen mache? Mache man sie doch! Nur eins, ich mache eine kleine Bemerkung. Nach dem Geständniß unsrer Gegner selbst, oder, um es genauer auszudrücken, unseres Gegners, würden sie sich daran genügen lassen, dargethan zu haben, wie: zwei und zwei macht vier, daß Petrus, auch nur auf eine einzige Stunde, nach Rom gekommen ist. Und das Pontifikat von 25 Jahren? Es bleibt also Eines beim

Kampfe errungen, daß es nicht darauf ankommt, ob Petrus während 25 Jahre hier gewesen sei.

Fabiani: Einen Augenblick. Zur These; hier handelt es sich nicht um die Zeit, wie lange er zu Rom gewesen ist. Die These spricht nicht von 25 Jahren.

Präsident Tosti: Man wolle sich der These erinnern, welche folgende ist: der Herr Sciarelli werde eine öffentliche Vorlesung halten, in welcher derselbe mit Beweisen aus der heiligen Schrift und den heiligen Vätern darthun werde, daß der heilige Petrus niemals in Rom gewesen sei.

Ribetti: Von diesem Punkte ausgehend, glaube ich darauf aufmerksam machen zu sollen, daß man meinen Gegner nicht zur Ordnung gerufen hat, als er auf diese Frage eingegangen ist. Zwischen den Fakten unterscheidend, sagte er: die Fakten werden historisch bewiesen, und diese Beweise genügen, in einer gewissen Ideen-Ordnung. Darauf: es giebt geistliche Dinge, wohin das Lehramt der Kirche gehört; und hier ist nicht die Frage nach dem Lehramt der Kirche, sondern nach der Ankunft des heiligen Petrus in Rom. Sowie der Gegner aus dem Fahrgeleise gegangen ist, so kann auch ich daraus gehen. Ich will nicht handeln … (Unterbrechung.)

Präsident: Fahren Sie fort; aber ich bitte Sie, in den Grenzen der Frage zu bleiben.

Ribetti. Ich muß meinem Gegner folgen. Mein Gegner hat mich querüber durch ein so veränderliches Terrain geführt, daß ich gezwungen bin, ihm zu folgen, um es in keinem Winkel verdecken zu lassen. Es handelt sich also um ein einfaches Faktum: um die Ankunft des heiligen Apostels Petrus in Rom. In keiner Weise gehört die Idee der Suprematie hierher, die von unserem Gegner auf eine geschickte Art insinuirt wurde. Er hat von mysteriösen Dingen gesprochen; und ich sage, mich an das Faktum haltend, daß die Ankunft Petri in Rom nichts Mysteriöses ist, was vom Lehramt der Kirche approbirt werden müßte; sie ist nicht darnach angethan, um sie an einem Platze zu manipuliren, wo ich nicht eintreten könnte. In solchem Falle würde sie, indem sie nicht in das Gebiet der allgemeinen Geschichte hineinpaßte, kein bloß historisches Faktum sein; und dies ist das Verdammungsurtheil, welches mehr einleuchtet, als die Beweisführung meines Gegners. Denn wenn die Ankunft Petri in Rom mysteriös ist, so will das sagen, daß ich, ein Feind des Mysteriums, und der ich die Geschichte schlicht und einfach studire, auf diese Materie nicht eingehen kann; und in Folge dessen muß ich, da ich niemals die Beweise haben kann, der Lehrautorität der Kirche mich unterwerfen. — Ich weiß es wohl; das gerade will man; aber es ist ganz genau dasjenige, was wir nicht wollen; denn wir wollen das Fundament des römischen Gebäudes zerstören, indem wir darthun, daß es auf geschichtlichem Wege unmöglich ist, zu erweisen, daß Petrus in Rom gewesen sei. Wir sagen, daß das römische Gebäude weder von Christus noch von den Aposteln aufgerichtet worden ist, sondern es fanden, wie es unser Gegner sehr gut ausdrückte, zunächst Insinuationen Statt (Sie verstehen), wie von Jemandem, der an einen Freund einen Brief schreibt. Das Faktum wird da nicht erörtert, weil es ein bekanntes Faktum ist. Und dieses ist eine Insinuation, wie deren in den verflossenen Jahrhunderten sind insinuirt worden; wie die unbefleckte Empfängniß insinuirt worden ist. Jedes Mal nur ein wenig; da wird die Insinuation zu einer Erörterung, die hernach ein Dekret wird. (Bewegung.) Aber, liebe Herren, ich bin bei der Sache. Es sind Insinuationen. In der That, Sie haben nicht die Kühnheit, zu erklären, daß es bei den ersten Vätern der Kirche Offenbarungen [dichiarazioni] gebe, sondern Sie sagen, daß es Insinuationen giebt; und gerade daher rührt es, daß wir in geschichtlichen Dingen Feinde der Insinuationen sind; und wenn uns ein Historiker in die Hand fiele, der mit Insinuationen vorginge, ich will Ihnen nicht sagen, meine lieben Herren, wie ich ihn ansehen würde, aber sicherlich würde ich kein Vertrauen zu einem Historiker haben, der nicht mit Thatsachen, sondern mit Insinuationen vorginge; denn immerzu wird eine Insinuation erweitert, welche Anfangs Keiner als ein Faktum betrachten kann, aber welche allmälig, indem sie ein nachgiebiges Terrain findet, mächtig Fuß faßt; aber es sind immerhin Insinuationen.

Es ist gerade hier, wo die römische Kirche schwach ist. Sie muß immer mit Mühe arbeiten, um Wurzel zu fassen; und dort, wo es ihr gelingt, wird sie zu einem Baume, und breitet sich ringsum aus. Sie trachtet das Senfkörnlein in der Parabel Christi nachzuahmen, welches seine Zweige ausbreitet, unter denen die Thiere des Feldes Zuflucht suchen und auf denen die Vögel des Himmels nisten, und trachtet nach der Herrschaft über die ganze Welt. Sie muß beständig in dieser Weise vorgehen, und ganz besonders, um ihr Hauptdogma zu stützen, auf welchem das ganze Gebäude ruht, nämlich die Ankunft und den Primat Petri in Rom. Sie ist immer auf diese Weise vorgegangen; Schritt für Schritt Insinuationen. Sie sagen: Papias hat eine Insinuation gemacht; und hernach haben die Andern Muth gefaßt, indem sie Insinuationen citirten. Darauf ist Ignatius gekommen und hat eine Insinuation gemacht. Es ist gekommen Clemens Romanus und hat Insinuationen gemacht. Es steht Ihnen frei, nach Belieben, wie Sie, meine lieben Herren, es thun, ein System von Insinuationen anzunehmen. Ich werde es nicht annehmen; sicherlich nicht. Und darum wiederhole ich, es ist nöthig, daß Sie uns mit historischen Thatsachen, welche man nicht verwerfen kann, welche von Augenzeugen und Zeitgenossen versichert werden, das Faktum der Ankunft des heiligen Apostels Petrus in Rom beweisen. Wie, wollen Sie, meine lieben Herren, daß das Haupt-Faktum der Geschichte des römischen Katholicismus, angenommen werde von 200 Millionen römischer Katholiken, auf Insinuationen hin? Ah! das würde ebenso sein als wenn Sie das Gebäude der Kirche über einer Nadelspitze aufrichten wollten; denn eine Insinuation ist noch weniger als eine Nadelspitze. Erbringen Sie mir eine positive Behauptung des h. Johannes oder des h. Paulus oder des h. Lukas; erbringen Sie mir doch ein einziges Wort des h. Petrus, welches besage: Ich bin in Rom gewesen, — so beuge ich das Haupt und sage: — Er ist nach Rom gekommen. — Aber wofern Sie keine Schriften, keine gleichzeitigen Zeugnisse finden, wofern Sie in der Bibel, der höchsten Schiedsrichterin und unumstößlichen Autorität, den Beweis für die Ankunft des heiligen Petrus in Rom nicht finden, so haben Sie ganz und gar nichts bewiesen.

Man hat die Väter der Kirche citirt (mein Gegner hat damit angefangen), und damit ihr Ausdruck nicht unentschieden sei, hat er mit dem vierten Jahrhundert, mit jenen Autoren angefangen, die keine Insinuationen mehr machen, weil sie dieselben bereits überkommen haben, und in Folge dessen sagen sie: Es ist wahr. — Und warum? Weil die Sache bereits gut insinuirt war. Daher ist er, beginnend mit Optatus, dann mit Irenäus, herabgestiegen, um uns von Tertullian, von Cyprian und von Andern zu sprechen, welche im Jahre 200, im Jahre 250, im Jahre 300 lebten; und in Folge dessen sind sie keine Augenzeugen und haben keine Autorität; denn sie haben eine Insinuation erweitert, welche nicht betrachtet werden kann als ein Faktum. Dann ist er dazu gekommen, uns von einem noch achtenswertheren zu sprechen, von Clemens Romanus.

Ich habe nicht nöthig, den Gegner in diesem Punkte zu widerlegen; denn er selber hat nicht behauptet, Clemens habe gesagt, daß der heilige Petrus nach Rom gekommen sei; und in der That, diese Behauptung kommt da nicht vor. Clemens Romanus spricht im Allgemeinen von den alten Märtyrern, die vor seiner Zeit lebten; und indem er von den Märtyrern spricht, deutet er hin auf das Martyrium des heiligen Petrus wie auf das Martyrium des heiligen Paulus; er spricht sogar viel mehr vom heiligen Paulus, als vom heiligen Petrus; unglaublich das, für einen Bischof von Rom, welcher (wofern er bereits zu jener Zeit geglaubt hätte, er sei Papst der Universalkirche, die auf den Stuhl des heiligen Petrus gegründet sei) die Supremaṭie Petri hätte zur Geltung bringen und nicht so sehr mit Paulus sich beschäftigen müssen, indem er Petrus im Dunkel läßt. Ganz das Gegentheil hat der heilige Kirchenvater Clemens gethan, was den Beweis liefert, daß er, zu seinen Lebzeiten, auch nicht einmal im Traume an die Insinuationen dachte, von denen man uns gesprochen hat.

Man hat uns sogar vom Apostel Johannes gesprochen, indem es hieß, er bestätige, daß der heilige Petrus in Rom gestorben wäre. Meine Herren, ich würde ganz besonders glücklich sein, wenn Jemand mich jene Beweisstelle sehen ließe. So oft ich auch den h. Apostel Johannes gelesen habe, ich habe sie niemals erblicken können; und da mir ein Zweifel aufzutauchen beginnt, ich sei vielleicht blind, so würde ich zufrieden sein, wenn Jemand mir die Augen aufthäte und mich die Stelle sehen ließe, wo er sagt, daß der heilige Petrus nach Rom gekommen sei. Aber jene Stelle existirt nicht. Wollen Sie, daß auch der h. Johannes insinuirt habe? Nichts hat der insinuirt. Er erzählt einfach, daß damals, als Petrus in seinem Apostolate bestätigt wurde, nach seiner Reue, nach seinen Thränen, der Herr ihn zu dreien Malen fragte: Liebst du mich mehr als diese? indem er die Eigenliebe des Apostels verletzte. Der Apostel, indem er Christum zu dreien

Malen dieselbe Frage stellen hörte, wurde darüber betrübt und dachte, er hielte ihn für einen Feigling; und er antwortete: „Herr, Du weißt, daß ich Dich liebe"; aber er setzte nicht hinzu: mehr als diese, weil er Christum verleugnet hatte. Nun wohl, damals sagte Jesus Christus zu ihm: Es wird ein Augenblick kommen, wo ein Andrer dich gürten wird und dich hinführen wird, wohin du nicht gehen willst. — Nun, ich sehe nicht, daß es da einen Beweis für seinen Tod in Rom gebe. Ohne Zweifel ist er gestorben, ohne Zweifel ist er ein Märtyrer gewesen; aber wenn Sie den Namen Rom aus diesen Worten Christi herauszulesen verstehen, da bewundere ich ihre Hellsicht.

Mein Gegner hat von allen Vätern gesprochen, welche aufgestellt haben, daß Petrus in Rom war. Er hat uns ein sehr langes Namenverzeichniß gegeben. Ich weiß nicht, wozu dieses Verzeichniß dienen könne; weil alle Autoren, sobald einmal die Insinuation in den Geistern gewachsen war, wie eben die Insinuationen wachsen, sobald sie ein unbestreitbares Faktum geworden war, sie angenommen haben, und sie wiederholt haben, weil wir uns, wie das auf dieser Welt so zugeht, der Eine den Andern wiederholen. Das Kind wiederholt das, was es von seinem Vater hat sagen hören; wir wiederholen das, was unsere Vorgänger gesagt haben; und gesetzt, wir machen keine genaue Studien, so werden wir beständig in unsern Vorurtheilen leben. Und was ist die Bildung denn anders als ein beständiger, immerwährender Kampf gegen die Vorurtheile? Wir müssen sie bekämpfen, wo immer wir sie finden.

Glauben Sie, ein alter Irrthum habe Anspruch darauf, von unserem Geiste angenommen zu werden? Aber der alte Irrthum muß bei weitem schleuniger vertrieben werden, als ein neuer Irrthum, weil er mehr Schaden angerichtet hat. Nun aber ist dies ein sehr alter Irrthum, welcher in die Herzen der hervorragendsten Männer des Mittelalters eindrang. Sie alle haben gesagt im Glauben an die alten Autoren, daß Petrus nach Rom gekommen sei. Das weiß ich gar wohl. Aber, meine Herren, das beweist in der That gar nicht, daß Petrus nach Rom gekommen sei; denn das Alter des Irrthums kann ihn nicht zu Wahrheit umwandeln.

Andrerseits, glauben Sie, daß es eine Verjährung gebe für die Dinge, die nicht wahr sind, die nicht gerecht sind? Vor Gott giebt es keine Verjährung; die kann es geben vor den menschlichen Tribunalen, aber nicht vor dem Tribunale des Herrn. Also, wenn es ein alter Irrthum ist, so wird es auch jetzt ein Irrthum sein; nur wurde er viele Jahrhunderte hindurch nicht erkannt.

Es würde nöthig sein, hier eine Discussion über die Zeugnisse der Väter zu machen; und ich gestehe, daß ich Mitleid habe mit meiner Zuhörerschaft, weil die Discussion ein wenig lang werden würde.

Es ist von Nöthen, noch etwas betreffs Papias zu sagen. Papias wird von Eusebius als ein Ausbreiter von Fabeln angesehen. Wollen Sie nun an die von Papias erzählten Fabeln glauben? Wie Ihnen mein Gegner selbst gesagt hat, glaubte Papias, daß die Belohnung der Christen ein Fasching ohne Ende sein würde; aber, meine lieben Herren, ein Diener Christi, der uns den Fasching als ewige Belohnung verspricht, der giebt mir Aergerniß. Es thut mir leid; aber ich kann kein Vertrauen zu diesem Papias haben, der uns so schöne und so fromme Versprechungen macht, welche ein wenig an die Mahomet's erinnern, der ebenfalls denen, die seinen Ideen folgen wollten, eine Art Fasching versprach; er versprach Houris. Uebrigens, wo sind die Schriften des Papias? Sie existiren nicht. Es finden sich daraus bloß ein paar Citate in den Schriften des Eusebius. Aber hat denn Papias wahrhaftig gesagt, daß der heilige Petrus in Rom gewesen sei? Nein. Unser Gegner hat keine Stelle zu citiren vermocht, wo Papias gesagt hätte, daß Petrus in Rom gewesen sei.

Da ist citirt worden Dionysius; aber Dionysius beklagte sich schon zu seiner Zeit über die Verfälscher seiner Werke. Er sagte, daß sie dieselben verwüstet hätten. Im Uebrigen, wo sagt Dionysius, daß Petrus nach Rom gekommen sei? Wenn man die Stelle beigebracht haben wird, dann wird sich discutiren lassen; aber es wurde keine beigebracht. Dionysius sagt, man habe Vieles in seinen Schriften interpolirt, man habe sie gefälscht, und das war sehr leicht in Zeiten, wo keine Presse existirte und ein Autor keine Ausgaben zu Tausenden von Copieen seiner von ihm selber genau revidirten und korrigirten Arbeiten machte. Wenn damals ein Autor ein Buch publicirte, so wurde es von den Copisten abgeschrieben, und der Eine fügte dies, der Andere das hinzu. Auf diese Weise ist es gekommen, meine Herren, daß die Tradition gefälscht wurde; das wird sich erweisen lassen, wenn wir fernerhin Conferenzen mit unsern verehrten Gegnern haben werden.

Dann wurde Irenäus citirt. Aber Irenäus lebte gegen Ende des zweiten und zu Anfange des dritten Jahrhunderts; demnach war er kein Augenzeuge; er konnte nicht sagen, daß er mit Augen gesehen habe. Merken Sie auf: wenn es sich um die Religion handelt, da höre ich solche gern, welche mir, wie der h. Johannes, sagen: — Was wir gesehen haben mit unsern Augen, was wir berührt haben mit unseren Händen, das verkündigen wir euch; — aber, wenn Jemand sich zum Herrn machen will über die Führung meiner Seele, während er sich stützt auf unsichere Ueberlieferungen, da erkläre ich, daß meine Seele zu kostbar ist, als daß ich sie seinen Händen preisgebe. (Bewegung.) Ich glaube dem h. Johannes, weil der h. Johannes mit Autorität zu mir von Christus spricht, weil er sagt: — ich habe gesehen, ich habe berührt. — Ebenso glaube ich den andern Aposteln, aber ich kann mein Vertrauen nicht auf diesen Irenäus setzen.

Ich könnte die übrigen Bemerkungen meines Gegners widerlegen, hinsichtlich der Kirchenväter, welche über dasselbe Thema schrieben, in Zeiten, die um ein Beträchtliches später liegen, als die behaupteten Fakta. Da würde ein umfangreicher Stoff abzuwickeln sein, was mich zurückschreckt; aber das würde mich sehr weit führen, und ich fürchte meine Zuhörerschaft zu verscheuchen.

Unser Gegner, in der Lage, den Beweis, daß Petrus zu Rom gewesen sei, nicht anders zu liefern können, als mit einer Insinuation, die sich hernach in ein Faktum verwandelt hat (nach seiner Anschauungsweise), wendet sich an uns und verlangt: Beweiset Ihr, daß er nicht dagewesen ist. — Da giebt es einen Kirchenvater, der sich ausdrücklich Clemens Romanus nennt, welcher einen gewissen Brief an die Korinther geschrieben hat, worin er von dem arabischen Phönix spricht: — „Was er sei, ein Jeder sagt es; wo er sei, Keiner weiß es". Es ist also ein Kirchenvater, der diese Fabel verbreitet hat. Der arabische Phönix ist ein wunderbarer Vogel, bedeckt mit Federn, glänzender als Gold und Purpur. Er lebt 500 Jahre. Ist diese Zeit vorüber, so stirbt er. Darauf entsteht ein Wurm im Körper dieses Phönix; dieser Wurm setzt Federn an, die Federn wachsen und der

Wurm wird zum arabischen Phönix. Darum sagt man, daß dieser Vogel aus seiner Asche aufersteht. So unterweist uns Clemens Romanus, ein Papst. Glauben Sie an den arabischen Phönix? Ich nicht. — Auch Sie sehen also, daß diese Väter in derartiger und so außergewöhnlicher Weise sich irren, daß sie die Fabel vom arabischen Phönix als wahr annehmen können. Ich vermag dem keinen Glauben zu schenken. Und doch, Clemens Romanus war einer von jenen Vätern, welche sogleich nach der apostolischen Generation lebten, und er hat den heiligen Apostel Paulus gekannt; denn er war vielmehr Schüler des heiligen Paulus, als des heiligen Apostels Petrus. Aber wenn mein Gegner zu mir sagte: — Beweisen Sie, daß der arabische Phönix nicht existirt, (denn ein guter römischer Katholik muß das glauben, was ein Papst geschrieben hat); so lange Sie mir nicht beweisen, daß es keinen arabischen Phönix giebt, werde ich glauben, daß er existirt; so würde ich ihm antworten: — Aber wie kommen Sie dazu, daß ich Ihnen beweisen soll, der arabische Phönix existire nicht? Das kann ich nicht beweisen. Und wenn Sie mich ihn sehen ließen, so würde ich Sie fragen: Ist er einbalsamirt oder ist er lebendig? Nun wohl, meine Herren! es giebt ein Faktum in der Geschichte, welches für mich der arabische Phönix ist: es ist das die Ankunft des heiligen Petrus in Rom. Man kann seine Ankunft daselbst nicht beweisen; und ich kann auf mathematischem Wege nicht beweisen, daß er nicht dahin gekommen sei. Und nun verlange ich von Ihnen: Finden Sie mir einen Autor auf, der da sage, daß er hier nach Rom gekommen ist und daselbst gestorben ist; und zwar einen Autor, in den ich Vertrauen setzen darf. Diesen Beweis, Sie können ihn nicht erbringen; denn er existirt nicht; und in Folge dessen sind Sie genöthigt, von uns zu verlangen, daß wir etwas beweisen sollen, was hinlänglich erwiesen ist, weil es so klar ist wie: Null mal Null macht Null. In der That, wenn sich keine Zeugnisse finden, welche beweisen, daß ein Faktum wahr sei, so ist das Faktum nicht wahr. Nun sagt unser Gegner, daß man, obwohl ein Schweigen, welches zu bezeichnend ist, in den ersten Jahrhunderten über die Ankunft Petri in Rom herrscht, auch das glauben kann, was verschwiegen wurde. Alles kann man thun; man kann glauben, was man will. Aber es handelt sich darum zu wissen, ob man vernünftigerweise daran glauben kann. Nun wohl, das ist es gerade, daß kein vernünftiger Mensch daran glauben kann, nämlich, daß Petrus nach Rom gekommen und daselbst gestorben sei, sofern dies Faktum nicht erwiesen ist; und derjenige, welcher es thäte, würde sich auf diese Weise in die Willkür abergläubischer Menschen stellen und als ein höchst unsinniger Mensch gelten.

Nun würde es nöthig sein, in das verworrene Labyrinth der Chronologie einzutreten; aber ich denke das nicht zu thun (Bewegung), um so mehr, da ich mich einem Gegner gegenüber befinde, der sie 40 Jahre hindurch studirt hat, während ich sie viel weniger studirt habe; weshalb seine Behauptungen gewichtiger sein müssen, als die meinigen. Aber er möge die Güte haben, seine Chronologie uns vorzulegen; denn er hat sie uns nicht angegeben; und da werden wir sehen, ob seine Chronologie im Einklange stehen kann mit den in der heiligen Schrift erzählten Fakten; und wofern er mir eine chronologische Abhandlung vorlegen wird, die sich ganz eigentlich nach der Schrift richtet, dann werde ich ihm Rede stehen; aber keineswegs genügt es mir, daß er mir sagt, er sei gelehrter in der Chronologie, als wir es sein können, ich selbst und meine Kollegen.

Wir lassen uns mit solcher Leichtigkeit nicht überführen; wir wollen Beweise, meine Herren; und ohne die Beweise glauben wir nichts, und deren haben Sie keine. (Bewegung.)

Es ist wahr, daß unser Gegner sagt, daß wir Protestanten uns an die Rationalisten wenden müßten, welche dahin gekommen sind, sogar das zu leugnen, was in der Bibel geschrieben steht, eben die Ankunft des heiligen Paulus zu Rom. Er kann Autoren anführen, wenn er will; ich gebe mir nicht einmal die Mühe, seine Anführungen zu verificiren, weil es für mich durchaus gar nichts verschlägt.

Die römische Kirche hatte einmal, in dem Seminar de St. Sulpice zu Paris, einen jungen recht ausgezeichneten Alumnen, Namens Renan. Er war ein guter römischer Katholik. Was ist jetzt aus Renan geworden? Wenn ich verlangte, meine Gegner sollten für die Ansichten Renan's Bürge sein, so würden sie mit Recht sagen, ich sei unvernünftig. Gerade so verhält es sich, wenn man mir von protestantischen Rationalisten spricht; ich antworte, ich habe nichts mit denselben zu schaffen, wie Sie nichts mit Voltaire und Renan zu schaffen haben. Also lassen wir diese Frage bei Seite.

Unser Gegner sagt, die Daten seien veränderlich; Jeder firire sie nach Lust und Laune. Das kann man zugeben; aber die Vernünftigen thun das nicht. Wir stellen ein genaues Studium an und suchen sie nach dem bestmöglichen Kriterium zu firiren. So machen es alle Akatholiken der großen Nationen, welche sich von Rom getrennt haben, und welche in der Kultur sicherlich nicht am weitesten zurück sind. Wir lassen unsere Vernunft nicht bei Seite, sondern studiren und durchforschen die Sachen. Weiter können wir nichts thun; und seien Sie versichert, wenn wir gethan haben, was wir können, für die Aufdeckung der Wahrheit, da haben wir ein ruhiges Gewissen.

Ich weiß, daß man mir wird entgegnen können: — Nein, das ist nicht wahr! Ihr könnt kein ruhiges Gewissen haben, weil Ihr wissen müßt, daß Petrus in Rom gewesen ist; wir sagen es Euch, und Ihr müßt uns glauben. — Halt! sage ich. Euch glauben? Nein; ich glaube an gute und gründliche Beweise; und da Ihr deren nicht habt, so glaube ich Euch nicht.

Es ist schon wahr, daß es ihnen mit dem Glauben genug ist. — Gebet nach, überantwortet Euch ihren Händen, indem Ihr Euch von ihrer Wissenschaft querüber durch die verwickeltsten Fragen führen lasset, weil sie das unfehlbare Lehramt haben. (Bewegung.) Aber ich glaube nicht daran, an dieses unfehlbare Lehramt (gestatten Sie mir, es zu sagen), und in Folge dessen bin ich gezwungen, zu meinem Kriterium mich zurückzuwenden, welches nicht unfehlbar ist, auf welches ich mich indeß fest verlassen kann, weil ich selbst nichts Wichtiges mir entgehen lasse oder wenigstens nichts, was mir wichtig scheint; denn einen blinden Glauben kann ich nicht haben.

Mein Gegner hat von einer anderen, recht interessanten Frage gesprochen, nämlich, ob der heilige Petrus von Babylon aus seinen Brief an die Hebräer der Diaspora schrieb oder ob er ihn von Rom aus schrieb. Mein Gegner behauptet, die beiden Briefe seien von Rom aus geschrieben worden; ich behaupte im Gegentheil, daß sie von Babylon aus geschrieben seien.

Und in der That, worauf stützen sich Jene bei der Behauptung, daß das Babylon des heiligen Petrus Rom sei? Sie stützen sich (sie haben es Ihnen nicht gesagt, aber ich weiß es sehr wohl), sie stützen sich auf die Apokalypse.

Eine Stimme. — Er hat es gesagt.

Ribetti. — Ah! er hat es gesagt; um so besser, entschuldigen Sie!

(Stimmen von der Bank der katholischen Priester: Nein! Nein!)

Nun gut, nehmen wir für einen Augenblick an, der Gegner habe Recht; was wird die Folge davon sein? Die Folge würde sein, daß dann Rom jenes große Babylon ist, welches von dem Worte Gottes anathematisirt worden ist; jenes große Babylon, welches der Kirche unseres Herrn Jesu Christi so vielen Schaden verursacht hat. Daraus folgt, daß die römische Kirche in Wahrheit jene verfolgerische Kirche ist, von welcher in der Apokalypse geredet wird. Daraus folgt, daß der heilige Apostel Johannes, indem er in seiner Schrift verschiedene Metaphern anwendet, die Kirche von Rom jenes Weib nannte, das da gesessen ist über dem Thiere, welches allgemein als die weltliche Macht gedeutet zu werden pflegt. Dann ist sie jenes Weib, welches von der Wahrheit des Evangeliums abtrünnig geworden ist.

Ich gehe nicht weiter. Es war nöthig, daß ich, indem ich die Hypothese meines Gegners annahm, Babylon sei Rom, die Consequenzen nachwies, welche daraus erwachsen. — Aber nein; nichts von alledem. Als der heilige Johannes die Apokalypse schrieb, da schrieb er ein Buch ganz verschiedenen Geistes von den Briefen des heiligen Petrus. In der That, was findet Ihr in der Apokalypse? Visionen. Ihr findet darin typische Bilder vom Anfange bis zum Ende. Ist das vielleicht Briefstyl? Nichts weniger als das. Wenn Sie einen Brief erhielten, der in ähnlicher Weise geschrieben wäre, Sie würden ihn von sich werfen, weil es nicht die Art und Weise ist, wie man Briefe schreibt. Briefe werden in einfachem Styl geschrieben; es ist nicht gebräuchlich Allegorieen, Visionen u. s. w. darin anzuwenden. Nun, ganz genau so hat der heilige Petrus geschrieben. Er hat, die Visionen und die Allegorieen bei Seite lassend, seinen lieben Mitbrüdern, den in Pontus, in Galatien, in Bithynien und in Kappadocien zerstreuten Hebräern geschrieben und hat ihnen seine Rathschläge und seine Unterweisungen gegeben. Mit der größten Einfachheit sprach er es aus, daß er von Babylon aus schrieb. Was würden Sie sa=

gen, wenn, worauf mein College Sie aufmerksam machte, wenn Jemand von Florenz aus, welches das Athen Italiens genannt zu werden pflegt, mit der Jahreszahl 1872 schriebe und anstatt zu schreiben: — Florenz, in dem und dem Monat, am so und so vielsten Tage — schriebe: Athen u. s. w.? Sie würden lachen und sagen: Das ist doch eine Albernheit! Der heilige Apostel Petrus konnte einen solch kindischen Streich nicht machen. Wenn er daher sagt, daß er von Babylon aus schreibe, so ist es augenscheinlich, daß er von Babylon aus schreibt. Wer möchte uns entgegenstellen, daß Babylon zu jener Zeit nicht mehr existirte, wie gewisse Leute irrthümlicherweise festhalten? Aber unser Gegner hat das nicht behauptet. Er sagt nicht, daß Babylon zu jener Zeit nicht existirte, weil Babylon existirte; und die Beweise dafür finden sich in Philo, Josephus, Flavius und in so vielen andern Autoren. Es existirte also.

Man wird mir sagen: es war nicht mehr das alte, das glänzende Babylon, in welchem viele Myriaden Israeliten lebten. — Nun, gerade in dieser Stadt, wo sich nicht wenige Israeliten (ebenso wie von Rom gesagt wurde), sondern viele Myriaden befanden, war der Mittelpunkt vieler Provinzen, in denen viele Israeliten zerstreut lebten. Dort war der natürliche Posten des Apostels der Beschneidung. Unsere Gegner leugnen nicht, daß der heilige Petrus der Apostel der Beschneidung war, weil dieses in den heiligen Büchern klar angegeben ist, und sie genöthigt sind, es anzunehmen. Zu sagen, daß zu Rom viele Hebräer weilten, ist von keinem Belang. Es giebt ihrer noch jetzt hier; aber wenn Jemand sagte, daß derjenige, welcher für die Hebräer Sorge tragen wollte, sich zu Rom niederlassen müßte, man würde ihm sagen, er täusche sich, weil die Hebräer in andern Städten viel zahlreicher sind, als in Rom. Wenn Sie mir sagen, der heilige Petrus kam nach Rom, weil diese Stadt die Hauptstadt des Reiches war, so verstehe ich Sie; aber wenn Sie sagen, der Apostel der Hebräer kam nach Rom, weil es in Rom Hebräer gab, so sind Sie auf dem Holzwege (verzeihen Sie den gewöhnlichen Ausdruck). In der That, wenn Petrus nach Rom kam um der Hebräer willen, so war er nicht mehr das universale Haupt der Kirche; er war der Hirt der Hebräer. Das ist einleuchtend. Aber Petrus ist nicht nach Rom gekommen; er war zu Babylon. Das ist erwiesen aus eben den Briefen des heiligen Petrus; und bei dieser Gelegenheit ist es seltsam zu sehen, wie dem heiligen Petrus von unsern Widersachern Unrecht gegeben wird. Halten Sie die Autorität des heiligen Petrus wenigstens so in Ehren, wie Sie die Autorität seiner Nachfolger in Ehren halten. Ferner sage ich, Petrus war in Wahrheit unfehlbar; denn er schrieb unter göttlicher Leitung. Darum beweist sein aus Babylon datirter Brief, daß er in Wahrheit in jener Stadt sich befand. Mit Ihren rhetorischen Figuren werden Sie mir noch die zuverlässigsten Fakta der Geschichte in Rauch aufgehen machen, und wenn wir mit Insinuationen und mit Metaphern vorangehen, so weiß ich nicht, wo wir stehen bleiben werden. Lassen wir also die Metaphern und die Insinuationen. Wenn es sich handelt um einen in klarem und einfachem Stile geschriebenen Brief, da lassen Sie uns dabei stehen bleiben, was er sagt, und lassen Sie uns nicht, ich weiß nicht, was für Erfindungen phantasirend nachgehen. Ich bleibe also dabei, daß der heilige Petrus in Babylon war, und ohne mich weiter bei diesem Punkte aufzuhalten, gehe ich zu einem andern über.

Mein Gegner hat einen bewunderungswürdigen Beweis entdeckt, um darzuthun, daß der heilige Apostel Petrus wirklich nicht von Babylon aus schrieb. Er hat seine Zuflucht zu einem geographischen Beweise genommen, indem er bemerkt, daß, wer von Rom reist, zuerst nach Pontus, dann nach Kappadocien, dann nach Galatien, dann nach Bithynien kommt. Daher habe, da der heilige Petrus diese Gegenden in der angegebenen Reihenfolge aufgezählt habe, sein Brief von Rom her kommen müssen. Liebe Herren, gestatten Sie mir, mit aller Aufrichtigkeit es Ihnen zu sagen, das scheint mir ein kindisches Räsonnement, eine Rabulisterei. Wenn der heilige Petrus an die in Galatien, in Kappadocien und in Bithynien zerstreuten Hebräer schrieb, was kam darauf an, ob er die eine von diesen Gegenden eher setzte als die andere? Wenn man von Italien, von Deutschland und von Frankreich spricht, achtet man da vielleicht darauf, in geographischer Reihenfolge diese Länder aufzuzählen? Nein; denn das gehört zu den Geschichten, welche die Franzosen charakterisiren mit dem Sprüchwort: bonnet blanc, blanc bonnet. (Gelächter.) Daher weise ich den von unserem Gegner uns vorgelegten, geographischen Beweis vollständig zurück.

Unser ehrenwerther Gegner sagt, der heilige Apostel Petrus

spricht von Verfolgungen, welche über Jene, denen er schrieb, und über ihn selber hereinbrechen sollten. Hier glaubt der Gegner zu triumphiren. Nach ihm beweist das, daß der heilige Petrus nicht in Babylon war; denn da diese Stadt nicht im römischen Reiche gelegen, so hätte er von den Verfolgungen, welche im römischen Reiche in Bereitschaft waren, für sich nichts zu fürchten brauchen.

Heutzutage, wenn ich gehe, um die Predigten der römischen Katholiken zu hören, was höre ich? Ich höre, daß sie sprechen von Verfolgungen in Rom, von Verfolgungen außer Rom, von Verfolgungen allüberall. Aber, allüberall regiert Victor Emanuel nicht, ebensowenig wie der Kaiser Nero allüberall regierte. Desungeachtet sprechen sie allgemein von Verfolgungen. Nun gut, auch der heilige Petrus hat von Verfolgungen gesprochen, und es verschlägt nichts, daß Babylon nicht zum römischen Reiche gehörte. — Geben wir zu, daß es nicht dazu gehörte; es verschlägt gar nichts; denn sie konnten verfolgt werden außerhalb des römischen Reiches oder auf der Grenze desselben. Und darum hat dieser Beweis keine Kraft.

Mein Gegner hat gesagt, er gebe zu, daß die beiden Apostel Petrus und Paulus verschiedene Missionen hatten. Das freut mich; denn sind diese Missionen als verschiedene zugegeben, da darf man sie nicht mehr verwechseln. Wenn daher Petrus von Christo die Mission erhalten hat, den Hebräern zu predigen, so wird er ja den Hebräern predigen und wird nicht sein der universale Papst der Kirche; und der heilige Apostel Paulus, der die besondere Mission erhalten hat, den Heiden zu predigen, und der sich Apostel der Heiden nannte, mußte in die Hauptstadt des Reiches und des Heidenthums kommen. Das hat er gethan, indem er nach Rom ging und dort predigte; während der heilige Petrus, der Apostel der Hebräer, immer gelebt und gepredigt hat zu Jerusalem, Samaria, Babylon, in Galatien und all den Ländern, wo in größerer Anzahl Leute seines Stammes, Hebräer, sich befanden. Er hat pünktlich seine Mission im Orient erfüllt und der heilige Paulus die seinige pünktlich im Occident. Es kam ein Augenblick, wo sie sich trennten, nach den Disputen, welche in Antiochia erfolgten. Sie kamen dazu, eine Scheidung festzusetzen, nicht im Glauben, sondern in der Arbeit; und so arbeitete der eine bei den Heiden und der andere bei den Hebräern. Lassen Sie also Petrus bei seinem Werke, und nehmen Sie ihn nicht von seiner Mission fort, um ihn zu verwandeln in einen universalen Papst der Kirche auf dem Stuhle zu Rom.

Sie sehen also, die Basis des Kolosses der römischen Kirche ist eine Basis von Kreide, oder, wenn Sie wollen, sie ist, wie ich bereits sagte, eine Nadelspitze, weil sie sich im Anfange auf eine angenommene und durch die Einbildungskraft der Autoren der ersten Jahrhunderte erweiterte Insinuation stützt. Im Mittelalter, der Zeit der Verbreitung der Irrthümer und der plumpsten Vorurtheile, wurde sie kolossal. Es wurde die päpstliche Autorität grundgelegt, welche noch nicht so war, wie sie heutzutage existirt. Vor kurzer Zeit wurde sie ferner erweitert; aber es war schon längst insinuirt worden, daß der Papst infallibel sein müßte. Und so sehen Sie, daß der Koloß ganz und gar sich stützt auf eine Basis von Thon. Wir haben der Basis von Thon einen Nasenstüber (buffettino) gegeben und der Koloß ist ins Wackeln gerathen. (Bewegung im Auditorium.)

Unser Gegner hat gesagt, gewissermaßen als Schlußfolgerung aus seiner Darlegung, in welcher er unumstößlich bewiesen zu haben glaubte, daß Petrus in Rom gewesen sei: — Wenn Petrus nach Rom gekommen ist, so müssen Alle kommen und sich nach Rom hinwenden. — Er glaubt, daß seine Schlußfolgerung logisch sei. Ich nicht; denn, nehmen wir an, daß Petrus in Rom gewesen sei, wäre es auch 25 Jahre lang und keineswegs auf eine Stunde (wie mein Gegner gesagt hat, indem er die 25 Jahre auf eine Stunde reducirte), so frage ich: — Mit welchem Rechte könnte mir ein Mensch sagen, Du mußt mir gehorchen, wie Du dem Petrus hättest gehorchen müssen? (Bewegung.) Aber hier wird mir bedeutet, auf diesen Gegenstand nicht einzugehen. Lassen wir ihn bis auf ein anderes Mal, um ihn eingehender und zweckdienlicher zu behandeln. Ich schließe somit und sage: Ich für meinen Theil habe in der That gar kein Bedürfniß nach Petrus oder besser nach Petri Nachfolger. Ich habe den Lehrmeister Pauli und Petri; ich habe Christum selbst als meinen Lehrmeister; und anstatt die Unterweisung aus zweiter Hand anzunehmen, nehme ich sie unmittelbar von Ihm an, der mich besser unterweist als die Nachfolger Petri. Anstatt mich an fehlbare Menschen zu wenden, wende ich mich an den unfehlbaren Christus, anstatt das kostbarste Gut, das Heil meiner Seele, in die Hände eines Menschen zu legen, lege ich es in die Hände Christi, der da gestorben ist am Kreuze, um mich zu erlösen, und alle diejenigen, welche glauben an Ihn .... (Lärm und Ausrufe des Mißfallens auf der Rechten.)

Präsident Tosti. Mit Ihrer Erlaubniß! Ich habe zu Anfange die verehrte Versammlung ersucht, Schweigen beobachten zu wollen, keinen Beifall und kein Mißfallen zu bezeigen; das fordert die Natur und Beschaffenheit dieser Disputation.

Ich ersuche auf's Neue, keinerlei Andeutungen zu machen. Darnach wollen Sie sich richten, wenn Sie wünschen, daß die Disputation mit Gelassenheit, Achtung und Ruhe von Statten gehe.

Ribetti. Ich lege meine ewigen Interessen, das Heil und den Frieden meiner Seele in die Hände eines Mächtigeren, als der heilige Petrus ist, in die Hände Christi, welcher gestorben ist für mich am Kreuze. Erlöst von Ihm, bekümmere ich mich wenig, das werden Sie begreifen, um ein historisches Faktum, welches keinen Einfluß auf meine ewige Zukunft haben kann. Ob ich glaube oder nicht glaube, daß Petrus nach Rom gekommen sei, darum kann mich Niemand verdammen, weil ich mit meinen Gegnern anerkenne, daß es kein Dogma, sondern ein einfaches geschichtliches Faktum ist.

Meine Herren, die Religion unseres Heilandes Jesu Christi ist an keinen Ort gebunden, hat keine Hauptstadt; in Folge dessen hat sie auf dieser Welt keinen Centralpunkt, wie das Mosaische Gesetz ihn hatte zu Jerusalem. Gott ist ein unendlicher, universaler Geist, ist allüberall und auch Christus, mein Heiland, ist allüberall. Ohne nach Rom zu kommen, wendet sich Jeder, wer er auch immer sei, und wo er auch immer sich befinde, selbst in den entlegensten Wüsten, an Christus, an Gott. Von Ihm erhält er die Antwort, die Vergebung, und das genügt.

Präsident — giebt dem Herrn Cipolla das Wort.

Cipolla.

Vorbemerkung. — Der Vortrag des Herrn Cipolla konnte von den Stenographen nicht aufgezeichnet werden, und zwar aus Ursachen, welche nicht im Bereiche ihrer Kunst lagen. Daher ist man übereingekommen, die nachstehende, von Herrn Cipolla selbst besorgte, kurze Inhaltsangabe aufzunehmen, welche der Erörterung, die er am 9. Februar Abends mit lebhafter Stimme machte, entsprechend befunden wurde.

Redner bemerkte an erster Stelle, daß der Gegner seinen Kollegen nicht verstanden habe. Er erklärte, die Unterscheidung zwischen einem geschichtlichen Faktum und einem Faktum, welches Dogmen-Natur in sich schließe, sei zur Klarstellung der behandelten Frage herbeigezogen worden, um zu erkennen, wie und wann ein Faktum Beziehung zur heiligen Schrift haben könne, und um festzustellen, daß die gegenwärtige Frage sich um ein rein geschichtliches Faktum drehe, welches mit den historischen Kriterien und Argumenten bewiesen werden müsse und blos in dem Falle in Abrede gestellt werden könne vermittelst der Bibel, wenn diese das Gegentheil aussage; und es sei nicht genug mit dem bloßen Schweigen derselben.

Er machte auf den Unterschied aufmerksam, welcher zwischen den Begriffen: Anspielung (allusione) und Insinuation bestehe. Die erstere schließe ein Faktum in sich und setze dieses als bekannt voraus, auf welches die Worte dessen Bezug nähmen, der von einem anderen Gegenstande spreche; die letztere könne schlechtweg eine Unterschiebung (suggerimento) bezeichnen. Dann beschuldigte er den Gegner, er habe dieses Wort aus dem Munde des Kollegen schlecht aufgefaßt und habe es schlecht angewandt, gleichsam um den Glauben an das Faktum der Ankunft des heiligen Petrus in Rom als Geschwätz und Fabelei hervortreten zu lassen; und dadurch, daß er dieses System auf das Verfahren der katholischen Kirche und auf andere Wahrheiten angewandt habe, sei er von der Frage abgewichen, erklärte der Redner und antwortete darauf nicht.

Er bemerkte hinsichtlich der Anzahl und der Mannigfaltigkeit der beigebrachten Zeugnisse, es gebe gleichzeitige, so viel man deren eben nach den Bücherverlusten durch Brandunglück haben könnte, und zwar von großem Werthe; außerdem müßten alle unter sich wieder vereinigt werden hinsichtlich der Veranlassungen, wobei sie stattgefunden hätten, um gleichsam eine gleichzeitige und immerwährende Zeugschaft zu bilden, so daß die entlegensten Zeugnisse die Kraft der gleichzeitigen haben könnten. Die Väter sprächen von der Kirche Roms, indem sie sich stets auf das Faktum bezögen, daß nämlich Petrus dort gewesen sei, ohne daß Jemand, der entgegengesetzte Interessen hatte, es zu leugnen wagte, weder die Neidischen aus Vaterlandsliebe, noch die Häretiker, um das Urtheil Roms zu lähmen. Dies sei, bemerkt er, ein so gewichtiges Argument, daß selbst Basnage, nachdem er die ersten Autoritäten angeführt, die wir anführen, die Schlußfolgerung mache: „Wer ihre Kraft leugnet, der leugnet mehr, als die Ankunft Petri in Rom; er leugnet die gesammte Geschichte und stürzt sie um."

Er erinnerte daran, sein Kollege habe die Stelle des heiligen Johannes über den Tod Petri angeführt, nicht um zu sagen, daß Petrus zu Rom gestorben sei, sondern einzig, um zu sagen, daß dessen Tod ein allbekannter war; darüber habe der Gegner ihn mit Unrecht angeklagt.

Indem er dann über die Zeugnisse im Einzelnen sprach, und besonders über die gleichzeitigen, führte er die Worte des heiligen Ignatius an: „Euch gebieten die Apostel Petrus und Paulus" und machte darauf aufmerksam, daß sie das Bekenntniß einschlössen, Petrus und Paulus seien in Rom gewesen; sonst würde der Ausspruch sinnlos sein. Dieses ist, bemerkte er, eine Anspielung, und keine Insinuation, und das kommt einer positiven Behauptung gleich.

Er vertheidigte dann die Autorität des Papias, den der Gegner als einen Fabelerzähler behandelt habe. Nicht in diesem Sinne sei es gemeint, wenn Eusebius ihm einen Mangel zur Last lege. Auch verliere derselbe die Autorität eines Mannes, der ein Faktum zu bezeugen im Stande sei, dadurch noch nicht, daß er über das tausendjährige Reich, weil er nicht viel Geist besessen, in den Irrthum gefallen sei.

Ebenso vertheidigte er die Autorität des Clemens, der mit Unrecht von dem Gegner als ein unfähiger Kopf behandelt worden sei, gleichsam als habe derselbe, weil er ein Gleichniß aus einer Fabel entnommen und verwendet, diese mit einem Vorgange vermengt.

Und schließlich bemerkte er, von dem Gegner seien andere schon früher vorgebrachte Zeugnisse übergangen worden, die doch nach Basnage von großer Wichtigkeit seien.

Nachdem er auf historischem Wege die Ankunft Petri in Rom dargethan hatte, ging er zu dem Punkte über, ob man dieselbe vermittelst der biblischen Chronologie in Abrede stellen könne, wie der Gegner behaupte, und beantwortete die Frage mit Nein. Denn das Resultat des Studiums der Gelehrten bis auf unsere Tage ergebe verschiedene mehr oder weniger begründete Chronologieen, so daß man der einen oder der andern vorsichtig folgen müßte bei den untergeordneten Untersuchungen nach der Zeit der Ankunft oder der Dauer des Aufenthaltes des heiligen Petrus in Rom; und diese [Untersuchungen] würden für unseren Fall nicht ausreichen, indem man für jeglichen Zeitraum die Ankunft Petri in Rom ausschließen müsse; wobei im Wege stehe, daß die Zeitangaben in der Bibel für viele Fakta fehlen, welche vielleicht nicht einmal in chronologischer Folge erzählt seien. Als Hülfsmittel würde man eine sichere, klare und von Allen anerkannte Chronologie fordern; und eine solche fehle nach dem Geständniß des Gegners selbst, welcher erklärt habe, daß man nur eine bestmögliche feststellen könne.

Indem er den Schritten des Gegners folgte, sagte er dann, aus dem Briefe des heiligen Petrus sei kein Argument dafür zu gewinnen, daß das Wort Babylon den Ort angebe, wo der Brief geschrieben sei; denn die Schriftsteller, sowohl die katholischen als die protestantischen, kämen darin nicht überein, ob Rom in symbolischem Sinne, oder in buchstäblichem Sinne Babylon in Chaldäa darunter zu verstehen sei. Der Autorität des Michaelis stellte er außer der Autorität der Väter diejenige des Grotius und anderer hochgelehrter Protestanten bis auf jene Ewald's aus jüngster Zeit gegenüber. Auch seien, außer jenen bereits von den Alten aufgeführten, keine Gründe aufgefunden worden, welche ihrer [der Gegner] Sache zu Gute kämen; vielmehr seien die jüngsten Reflexionen ihr entgegen. Und hierbei bemerkte er, daß die Gründe Ewald's, welche Fabiani vorgeführt habe und welche den Gegner zum Lachen gebracht hätten, von Jenem nicht als die seinigen vorgeführt seien, sondern als die des genannten Schriftstellers, ohne daß Fabiani irgend eine Würdigung derselben gegeben habe.

Er bemerkte, was immer auch von der beregten Erläuterung zu halten sein möchte, er und seine Kollegen machten bei der gegenwärtigen Frage von jenem Briefe keinen Gebrauch; die Protestanten könnten keinen Gebrauch davon machen; und selbst auch in ihrem [der Gegner] Sinne angenommen, aber nicht zugegeben, lasse sich nichts [aus dem Briefe] schließen; denn da könnte er ein Beweis sein, daß Petrus in Babylon gewesen sei, aber schlösse nicht aus, daß er zu irgend einer Zeit in Rom gewesen sein könne. Und hier kam er auf die schon von seinem Kollegen nachgewiesene Leichtigkeit des Reisens in jener Zeit.

Indem er auf das der Bibel entnommene Argument über die Natur des Apostolats Petri bei den Beschnittenen und Pauli bei den Heiden zu sprechen kam, sagte er, daß die natürliche Beschaffenheit dieser Mission keine ausschließende gewesen sei, so daß sie Petrus behindert habe, auch den Heiden, sowie Paulus, auch den Hebräern zu predigen. Ausführlich setzte er dann die Bedeutung der Uebereinkunft auseinander, welche zwischen Paulus, Kephas, Jakobus u. s. w. zu Stande kam; sie sei zum Behufe eines Protektorats oder einer speciellen Aufsicht über die Einen oder die Anderen gemacht, ohne daß dabei die Aufsicht, welche sie über Alle und Jeden hätten führen müssen, weggefallen sei, und sie sei kein Hinderniß gewesen, daß Petrus irgend einmal nach Rom hätte kommen können, besonders im Sinne der These.

Er prüfte dann die Beweisführung Sciarelli's, welcher, indem er die 25 Jahre, welche dem heiligen Petrus in Rom Seitens der Katholiken zugetheilt werden, in drei Epochen zerlegte, beweisen wollte, daß der heilige Petrus im Jahre 42 nicht in Rom gewesen sei, weil er in jenem Jahre in Jerusalem sich befunden habe. Er [Redner] sagte, daß er die Bekehrung des heiligen Paulus im Jahre 39 in Abrede stellen könnte, wie er [der Gegner] auf Grund seiner Berechnung sie fixirt habe; denn das sei eine Sache, bei welcher die Protestanten auch unter sich nicht übereinstimmten; aber dies auch angenommen, jedoch nicht zugegeben, leugnete er darum doch, daß Petrus nicht könne in Rom gewesen sein. Im Anfange des Jahres habe er in Jerusalem, in den spätern Monaten in Rom sein können. Denn wenn der heilige Lukas das beschreibe, was Petrus in jenen Jahren zu Jerusalem gethan habe, daß er nämlich einen Jüngling auferweckt, daß er sich in das benachbarte Cäsarea zu Cornelius begeben habe, wie Sciarelli anführte, so wären dies keine berlei Dinge, daß Petrus zu ihrer Ausführung ein ganzes Jahr daselbst habe verweilen müssen.

Hinsichtlich der zweiten Periode, nämlich vom Jahre 42 bis zum Jahre 56, bemerkte er, daß die Unmöglichkeit einer Ankunft in Rom auf das Stillschweigen gegründet worden sei, welches Petrus darüber bei dem Concil beobachtet habe, während Paulus von seiner Reise berichtet habe; aber das mache nichts aus. Vielleicht habe er nicht darüber gesprochen, weil seine Ankunft bekannt gewesen sei. Vielleicht habe er darüber gesprochen, als er von den Früchten seiner Mission redete, indem er [Redner] anmerkt, daß der heilige Lukas uns den Gegenstand der Reden Petri und Pauli angebe, aber uns die Worte derselben nicht berichte. Auch habe deßhalb, weil Paulus von seinen Reisen gesprochen, keine Nothwendigkeit vorgelegen, daß auch Petrus von den seinigen habe sprechen müssen.

Hinsichtlich des Schweigens des heiligen Lukas über diese Periode und die folgende bis zum Jahre 66 machte er [Redner] die Bemerkung, daß das Schweigen keinen Einspruch thue; Lukas habe nichts darüber berichtet, weil es nicht seine Absicht gewesen sei, von der Reise Petri zu sprechen, wohl aber, von der Reise Pauli, dessen Thaten er habe berichten wollen.

Wenn Petrus auch nach dem Concil noch andere Dinge in Judäa vollbracht habe, so könne man doch nicht beweisen, daß dieselben derartig gewesen seien, um ihn daran zu behindern, sich nach Rom zu begeben. Die Maßnahme, sagte er, welche der Gegner habe, dieselben so zu vergrößern und zu verlängern, sei dergestalt bequem, daß man auf solche Weise auch darthun könne, es seien nicht 25 Jahre dazu erforderlich, sondern sogar 30.

Schließlich sagte er über das Stillschweigen der Briefe Pauli, indem dieser nämlich den Gemeinden niemals Grüße von Petrus schickt, daß daraus kein Schluß zu ziehen sei; denn man könnte es sich dahin auslegen, daß jene Briefe geschrieben worden seien zu Zeiten, wo Petrus nicht zu Rom anwesend war, weil er ja nicht beständig dort verweilte; und daß auch noch andere Hypothesen gemacht werden könnten, um dasselbe zu erklären.

Alles ergebe daher ein bloß negatives Argument, von keiner Bedeutung gegenüber dem aus den historischen Dokumenten geschöpften, positiven Argument; und er [Redner] machte den Schluß, daß die Gegner, wenn sie Recht behalten wollten, erweisen müßten, daß die Bibel ausdrücklich dem Faktum widerstreite.

Indem er dann dabei verweilte, daß der zweite Gegner seine Darlegung beschlossen habe mit der Bemerkung, er verlasse sich auf Christus und wolle von den Insinuationen der Menschen nichts wissen, rief er [Redner] aus, daß wir alle auf Ihn uns verlassen müssen, indem wir uns der von Ihm festgesetzten Vermittelung bedienen, das heißt, indem wir auf die Stimme des

Apostolats hören. Fides ex auditu, auditus per verbum Christi; daß er sich folglich, wenn er sich [etwas] insinuiren lasse von dem gesetzmäßigen Menschen, nicht auf den Menschen verlasse, sondern sich verlasse auf Christus.

Präsidium: — Herr Gavazzi würde jetzt das Wort zu nehmen haben.

Gavazzi: — Ich ergreife das Wort zu der Bemerkung, daß man, da es spät ist und die Zuhörer bereits sehr ermüdet sind, die Discussionen, wenn Sie meinen, bis morgen Abend wird aussetzen können, weil ich Sie, wenn ich beginnen soll, versichern darf, daß vor zwei Uhr nach Mitternacht die Discussion sicherlich nicht wird zu Ende sein. Das ist eine Freiheit, die ich mir nehme, — und ich nehme sie mir ganz gewiß —, weil wir unseren guten Gegnern zugestanden haben, ganz nach ihrer Bequemlichkeit zu sprechen. Ich für mein Theil bin bereit, um so mehr, als es sich darum handelt, auf ein historisches Faktum zu antworten. Es bleibt also den Herren Vorsitzenden die Entscheidung anheimgegeben, ob sie die Discussion morgen Abend wieder aufgenommen wissen wollen bei dem Punkte, wo wir dieselbe gelassen haben, oder aber sie heute Abend fortgesetzt wünschen.

Stimmen: Nein, nein; auf morgen.

Präsident: — Wenn man Scheu hat vor der späten Zeit so kann es auf morgen Abend verschoben werden.

Diejenigen Herren, welche für den heutigen Abend ein Billet erhalten haben, können morgen Abend wieder herkommen. Sollte unter den Herren Einer oder Anderer aus irgend welchen Umständen nicht wiederkommen können oder nicht wiederkommen mögen, so würden Solche vielleicht die Gewogenheit haben, an die betreffenden Vorsitzenden ihre Billets zurückzustellen, damit man sie an so manche Andere überlassen könnte, welche darnach verlangt haben; oder auch, wenn Jemand nicht wiederzukommen gedächte, so könnte er sie an der Thüre zurückgeben; es sind viele Personen, welche Billets zu haben wünschten und keine bekommen konnten. Wenn Sie allseits die Güte haben wollen, da ist's gut. Also morgen zu derselben Zeit!

(Das Publikum beginnt unruhig zu werden, und die übrigen Worte des Präsidenten sind unverständlich.)

Schluß um 11¼ Uhr Nachts.

Samstag [10. Februar], Abends 7 Uhr.

Präsident Chigi: — Man wird die Verhandlung über die These fortsetzen, das heißt, man wird mit Beweisen aus der heiligen Schrift und den heiligen Vätern darthun, daß der heilige Petrus niemals in Rom gewesen ist.

Ich ersuche die Versammlung, sich jedes, auch des geringsten Zeichens von Beifall oder Mißfallen enthalten zu wollen, um die Ordnung der Disputation nicht zu stören.

Herr Piggott fordert Herrn Gavazzi auf, das Wort zu nehmen.

Gavazzi.

Gavazzi: — Die Frage ist jetzt auf ihre wirklichen Grenzen eingeschränkt, das heißt, auf ein historisches Faktum, und als historisches Faktum stellen wir es in Abrede, daß der heilige Petrus jemals nach Rom gekommen sei, und als historisches Faktum versichern es unsere Gegner, daß der heilige Petrus in Rom gewesen sei. Da zeigt sich Verschiedenheit in unseren Schlußfolgerungen. Die Verschiedenheit entspringt aus der Verschiedenheit der Beweise, sowie zugleich aus der Verschiedenheit in der Schätzung des Faktums. Wir beschränken uns auf die Bibel und auf diese hin stellen wir es schlechterdings in Abrede, daß der heilige Petrus nach Rom gekommen sei. Unsere Gegner stellen, indem sie sich hinter dem gleichzeitigen historischen Kriterium verschanzen, welches, wie wir sehen werden, auf nichts anders als auf Tradition hinauskommt, die Behauptung auf, daß der heilige Petrus nach Rom gekommen sei.

Man wirft uns die Unzulänglichkeit unseres Beweises vor,

obwohl er auf der Bibel beruht, indem man uns sagt, der Beweis des Schweigens sei ein negativer Beweis, während ein affirmativer Beweis erfordert werde. Man sagt uns: Beweiset uns, daß die Bibel gesagt habe, der heilige Petrus sei nicht nach Rom gekommen. Ich könnte dagegen antworten: Beweiset Ihr uns, daß die Bibel sage, der heilige Petrus sei nach Rom gekommen.

Da die Dinge innerhalb dieser Grenzen stehen, so werde ich auf's Beste zu beweisen suchen, daß das Schweigen der Bibel kein negativer Beweis ist, sondern daß es der positivste und der deutlichste Beweis dafür ist, daß der heilige Petrus nicht nach Rom gekommen ist.

Ich schicke eine vorläufige Bemerkung, welche mir am Platze zu sein scheint, über dieses Schweigen voraus. Der Cardinal Bellarmin sagt, daß man aus dem Schweigen der Bibel beweisen könne und folgern müsse, der heilige Petrus sei nach Rom gekommen, während gerade auf dieselbe Weise, wie ich finde, der Cardinal Baronius versichert, daß man aus dem Schweigen der Bibel nicht folgern kann, der heilige Petrus sei jemals in Babylon gewesen. Wir haben somit einen Cardinal, welcher behauptet, das Schweigen der Bibel sei ein Beweis für die Ankunft des heiligen Petrus zu Rom, und einen andern Cardinal, welcher aufstellt, aus dem Schweigen der Bibel könne man den Beweis nicht herleiten, daß der heilige Petrus zu Babylon gewesen sei. Das Schweigen ist also für Sie ein Stück Gummi elasticum, welches Sie ziehen, wie Sie wollen. Aber wenn man aus dem Schweigen der Bibel herleiten muß, daß der heilige Petrus nach Rom gekommen sei, dann werde ich, den Weg des Gleichnisses beschreitend, so sagen: In seiner Geschichte des Consulats und des Kaiserreichs spricht Thiers durchaus nicht von der Reise Napoleons I. nach Nordamerika und einer Ankunft desselben zu Washington. Gerade darum aber, weil Thiers davon nicht spricht, ist Napoleon nach Amerika gegangen, ist er nach Washington gegangen. Meine Herren, würde man in der Logik eine derartige Schlußfolgerung zulassen? Nein; denn er spricht gerade deßhalb nicht davon, weil Napoleon nicht dorthin gegangen ist. Aus dem Schweigen der Bibel also leite ich meine logische Schlußfolgerung ab, nämlich: der heilige Petrus ist nicht nach Rom gekommen. Ich beharre bei dem Beweise des Schweigens und werde ihn als einen positiven darthun.

Hätte sich die Bibel mit der ursprünglichen Geschichte der Kirche nicht beschäftigen dürfen, oder hätte sie sich nicht damit beschäftigt, in diesem Falle würde uns die gleichzeitige Geschichte das in Rede stehende historische Faktum haben erstatten können. Aber die Bibel mußte sich mit der ursprünglichen Geschichte der Kirche beschäftigen und sie hat sich damit beschäftigt, darum müssen wir die hauptsächlichen Fakta dieser Geschichte aus der Bibel selbst entnehmen.

Was ist in der That die sogenannte Apostelgeschichte? Sie ist nichts anders als die wirkliche, officielle, authentische, umständliche Geschichte des Anfangs, der Entwickelung, des Fortschrittes, der erlittenen Verfolgungen und der von der ursprünglichen Kirche errungenen Triumphe. Hauptzweck dieser Geschichte ist, die Mühseligkeiten der glorreichen Apostel zu erzählen. Der dazu erwählte Geschichtsschreiber ist Lukas, welcher eigentlicher Geschichtsschreiber, rechtmäßiger Geschichtsschreiber, unparteiischer Geschichtsschreiber, weil inspirirter Geschichtsschreiber ist. Konnte er schweigen von der Reise Petri nach Rom? Nein; das zu thun, dazu würde er als inspirirter und unparteiischer Geschichtsschreiber kein Recht gehabt haben. Er hat von Petrus gesprochen bei allen den Gelegenheiten, in denen dieser Apostel sich befand, um für den Herrn sich zu bemühen; er hat davon gesprochen bei Samaria, er hat davon gesprochen bei Lydda, er hat davon gesprochen bei Joppe, er hat davon gesprochen bei Cäsarea, er hat davon gesprochen bei Jerusalem zu so vielen Malen, — warum sollte er von seiner Ankunft in Rom nicht sprechen? Einer führte an, das Schweigen sei nöthig gewesen, um den heiligen Petrus nicht in Gefahr zu bringen. Diese Entschuldigung nützt nicht einmal als Vorwand; denn als Lukas jene seine Geschichte schrieb, war die Gefahr schon vorüber, angenommen daß eine Gefahr dabei gewesen sei. Also es gab nichts, was ihn in Gefahr gebracht hätte, und da rückt mir die Gerechtigkeit wieder in's Feld, daß er davon erzählen mußte; denn wenn wir dies und jenes bei Seite lassen, was man Petrus, genau besehen, anhängen könnte, so können wir nicht leugnen, daß in jenem ursprünglichen Apostel-Collegium die Gestalt Petri als die hervorragende erscheint, sei es durch den Vorrang in Worten, sei es durch den

Vorrang in Thaten; und in Folge dessen konnte Lukas diese primäre Figur nicht hintansetzen. Nahe heran reichte eine Figur fast ebenso primären Ranges (comprimaria), jene Pauli, des auserkorenen Werkzeuges, Pauli, weil er eine besondere Vollmacht hatte, welche ein wahres Apostolat war, ebensowohl in dem apostolischen, wie in dem evangelischen Auftrage.

Wenn Petrus nach Rom kam, warum mußte Lukas es versäumen, seine Reise zu beschreiben? Wenn er nie eine Ankunft zu Rom beschrieben hätte, schon gut; aber er hat die Reise des Apostels Paulus in allen ihren geringfügigsten Einzelheiten beschrieben; und dieser Apostel Paulus würde im ursprünglichen Apostel-Collegium nur eine secundäre Figur bilden, und seine Reise würde nur eine secundäre Bedeutung haben.

Warum hat also Lukas über die primäre Persönlichkeit im ursprünglichen Apostel-Collegium und über die primärste Reise keinen Bericht gegeben? Warum hat er über den Einen geredet und den Andern hintangesetzt? Ist das Unparteilichkeit eines inspirirten Geschichtsschreibers? Ich kann sie nicht darin finden; in Folge dessen und zur Ehre selbst des Geschichtsschreibers muß ich sagen, daß, wenn er nichts davon erzählt, so geschieht es aus dem Grunde, weil er [Petrus] nicht gekommen ist.

Aber man sagt: es ist ein Faktum, daß der heilige Petrus nach Rom gekommen ist, weil die Zeitgenossen davon sprechen; und ich sage Ihnen: der inspirirte, natürliche, ursprüngliche, primäre Geschichtsschreiber spricht nicht davon; er hat uns das niemals gesagt; und das würde eine Ungerechtigkeit, eine Parteilichkeit gewesen sein. Wenn der primäre [Geschichtsschreiber] nicht davon spricht, was wird dann die Versicherung der späteren? und zwar um so mehr, da man von diesen spätern behaupten kann, daß es keinen einzigen darunter giebt, der ein Augenzeuge ist; und es sind nur Zeugen zweiter Hand, das heißt: Zeugen de auditu; in Folge dessen, wie können Sie meinen, daß die Autorität des primären nicht den Vorzug habe, da ich, wie Sie sehen werden, auch nicht einmal secundäre habe, die es bestätigen.

Daher kommt es, daß in diesem Falle das Schweigen der Bibel kein negativer Beweis, sondern ein positiver Beweis dafür ist, daß der h. Petrus nicht zu Rom gewesen ist, weil der einzige Geschichtsschreiber, welcher es sagen mußte, es nicht gesagt hat; folglich war er nicht da.

Und hier unterbreche ich die Darlegung, um zwei Worte

über einen Einwurf einzuschalten, der gestern Abend emportauchte, nämlich, es wäre keine so große Schwierigkeit, daß Petrus habe nach Rom kommen können, einestheils weil er in den Zwischenräumen, von denen gestern Abend in der Chronologie die Rede war, die volle Zeit dazu gehabt haben würde, anderntheils wegen der Leichtigkeit, mit der man diese Reise habe machen können; denn mein guter Gegner, der hochgelehrt und kenntnißreich ist, hat daran festgehalten, die Reise von Jerusalem nach Rom wäre so leicht gewesen, daß man sie in nur achtzehn Tagen habe zu Stande bringen können.

Meine Herren, ich lasse die Leichtigkeit, in jenen Zeiten von Jerusalem nach Rom zu kommen, hier bei Seite, weil ich die Schwierigkeiten zu kennen glaube, welche heutzutage eine Reise nach Jerusalem bietet, trotz aller Eisenbahnen und aller Dampfschiffe; aber ich gebe unsern Gegnern zu bedenken, daß das, was sie gestern Abend sagten, nicht wahr ist, nämlich, es wäre leichter gewesen, von Jerusalem nach Rom zu kommen, als von Jerusalem nach Babylon zu gehen; denn es ist geographisch bewiesen, daß man, um von Jerusalem nach Babylon zu gehen, nur ein Viertel der Zeit nöthig hatte, welche man brauchte, um auf den bequemsten Wegen nach Rom zu kommen; denn es waren nicht die Wege von heutzutage.

Aber hier ist nicht die Frage, weder nach Zeit, noch nach Leichtigkeit für den heiligen Petrus, nach Rom zu kommen; er mag die volle Zeit und die volle Leichtigkeit gehabt haben können; hier für uns handelt es sich darum, daß er nicht dahin gekommen ist; denn ich behaupte, wenn er hierhin gekommen wäre, ob unter Claudius oder unter Nero, ob vor oder nach dem Concile von Jerusalem, so würde es Lukas gesagt haben; denn er mußte es sagen, aus Gerechtigkeit gegen das Apostolat Petri, aus Gerechtigkeit gegen die ursprüngliche Kirche, aus Gerechtigkeit gegen die Kirche Roms, aus Gerechtigkeit gegen sich selbst. Lukas hat es aber nicht gesagt; folglich ist sein Schweigen der positive Beweis, daß er [Petrus] nicht gekommen ist; weil, ich wiederhole es, wenn er dahin gekommen wäre, er [Lukas] es hätte sagen müssen.

Und indem ich hier den Haupthistoriker verlasse, welchen ich für dieses unser Faktum das absolut Nothwendige nennen werde, und dazu übergehe, was ich das beiläufig Nothwendige (necessario incidentale) nennen werde, worunter ich alle die übrigen Theile des Neuen Testaments verstehe, in welchen die Erwähnung der Reise Petri nach Rom begegnen könnte, fahre ich fort in meiner Aufstellung, daß das Schweigen auch dieser geschichtlichen Abtheilung die Nicht=Ankunft Petri zu Rom darthut; und vor Allem beruht der Beweis auf dem Schweigen, welches der heilige Paulus betreffs der Ankunft Petri in Rom beobachtet hat, bei verschiedenen Gelegenheiten, wo er dieselbe würde haben erwähnen müssen.

Ich habe gestern Abend behaupten hören, daß diesem Schweigen Pauli eine Convenienz zu Grunde läge. Meine Herren! ich begreife nicht, welche Convenienz hätte da statthaben können, sei es von Seiten Petri, sei es von Seiten Pauli? Etwa, um Petrus nicht in Gefahr zu bringen? Nein, meine Herren! ich habe zu viel Achtung für Petrus, als daß ich glauben sollte, er wäre so feige, so verzagt und so bange gewesen, um sich vor dem Märtyrertode zu fürchten; und ich habe zu viel Achtung für Paulus, als daß ich glauben sollte, er habe eine derartige Meinung von seinem Mitapostel. Man sagt: Aber er hätte ihn zu sehr den Blicken aussetzen können, wenn er ihn unter den Christen aufzählte. Aber, meine Herren, damit brachte Paulus Niemanden in Gefahr, weil Paulus zu edelmüthig und zu zartfühlend war (und dann ein inspirirter Autor), um irgend Jemanden, wer es auch sei, in Gefahr zu bringen; folglich, wenn er nicht glaubte, jene seine „Gehülfen" in Gefahr zu bringen, welche mit ihm im Kerker waren, und sogar diejenigen, welche vom Hause des Kaisers waren, nicht in Gefahr zu bringen glaubte, als er sie grüßen ließ, so glaube ich noch viel weniger, daß er Petrus durch einen Gruß, den er ihm geschickt hätte, in Gefahr zu bringen gefürchtet hätte. Ich beharre dabei, daß das Schweigen Pauli bei so vielen Gelegenheiten nichts anderes beweisen wird, aber zum Wenigsten Folgendes beweisen wird, daß zu der Zeit, als Paulus zu Rom schrieb und nach Rom schrieb, daß wenigstens in jener Zeit Petrus nicht in Rom war.

Da haben wir, wie Sie sehen, eine hinreichende Anzahl Beweise, um daraus zu folgern, daß er [Petrus] nicht dahin kommen konnte, wenn nicht, wie Einige vorab vermuthen möchten, wenigstens in den letzten Tagen seines Lebens.

Aber in der Bibel, meine Herren, findet sich nicht blos das, was Ihr Anderen den negativen Beweis des Schweigens nennt, sondern es finden sich da auch solche, welche ich die positiven Beweise nennen möchte, die mit Negation und Schweigen nichts zu thun haben. Gestern Abend wurde von der Prophezeihung Christi gesprochen, und man behauptete, daß, da Johannes diese Dinge aufgeschrieben habe, nachdem Petrus gekreuzigt worden sei, die Kreuzigung stattgehabt haben müsse. Gut damit; aber halten wir diese Prophezeihung bei Johannes mit einer anderen Prophezeihung Christi beim heiligen Matthäus (Kap. XXIII) zusammen, wo Christus, die Pharisäer tadelnd, sagte: Ihr werdet Etliche von meinen Aposteln kreuzigen. Folglich mußten, gemäß den Worten Christi, die Juden es sein, welche Etliche von seinen Aposteln kreuzigen sollten. Nun aber haben wir gekreuzigte Apostel nicht mehr als zweie. Einen davon [kennen wir] aus der Tradition, das ist Andreas; und Einen aus der Bibel, das ist Petrus. Folglich mußte in besonderer Weise die Prophezeihung Petrus angehen; aber Christus warf diese Prophezeihung den Juden vor; folglich mußte sie durch die Hände der Juden vor sich gehen, und in Folge dessen konnte sie sich in Rom nicht ereignen, wo die Juden keine Macht besaßen, sondern mußte sich an einem Orte ereignen, wo sie die Macht dazu besaßen. Dieser Ort konnte nur Babylon sein, weil Babylon ein Ort war, wo die Juden, wie wir sehen werden, in der Mehrzahl sich befanden, die Uebermacht besaßen, ja sogar eine derartige Macht, daß der König der Parther ihnen gestattet hatte, einen Oberpriester zu haben, und wo sie alle die Formen des mosaischen Gesetzes noch als bestehende hatten. In jenem Theile der Diaspora waren sie also mächtig; und da läßt sich aus Vernunftgründen und logisch, fußend auf der Geschichte, darthun, daß den Juden die Kreuzigung Petri zugeschrieben werden muß. Ja, in Babylon hatten sie während der neronischen Christenverfolgung Gelegenheit, den Zorn der Statthalter gegen Petrus zu erregen und ihn kreuzigen zu lassen, in eben derselben Weise, wie sie unter Tiberius, indem sie sich die autonomischen Privilegien, welche die römischen Gesetze ihnen belassen hatten, zu Nutze machten, die Kreuzigung Jesu Christi erlangt hatten.

Die Art und Weise, wie Petrus hingerichtet wurde, stimmt nicht überein mit dem römischen Brauche, sondern mit dem Brauche der Barbaren, mit dem Brauche der Parther. Die

Kreuzigung mit dem Kopfe nach Unten war bei den Römern nicht im Gebrauch. Die Römer kreuzigten mit dem Kopfe nach Oben, weil die Qual länger dauerte. In der That dauerte dieselbe so lange, daß man, um die Leidenden zum Sterben zu bringen, ihnen die Beine brach. Die Qual der Kreuzigung mit dem Kopfe nach Unten mochte schmachvoller erscheinen, aber sie dauerte kürzere Zeit wegen eintretender Asphyxie, und um sie noch kürzer zu machen, zündeten die Barbaren unter dem Kopfe des Gekreuzigten Stroh an, damit er ersticke. Die Kreuzigungs-Art Petri ist also ein geschichtlicher Beweis dafür, daß er nicht in Rom gekreuzigt wurde, sondern daß er in Babylon gekreuzigt sein dürfte.

Man hat gestern mit einer gewissen Emphase behauptet, das könne nicht der Fall sein, weil in den babylonischen Provinzen, da sie der römischen Herrschaft nicht unterworfen gewesen wären, die Verfolgungen Nero's nicht hätten stattfinden können.

Ich habe nicht umhin gekonnt, über diese Bemerkung in gewaltige Verwunderung zu gerathen; denn ich habe zu viel Achtung für meine Gegner, und besonders für den hochgelehrten Mann, der uns gestern zuerst entgegnete, als daß ich glauben sollte, es sei ihnen unbekannt, was uns Eusebius bei Gelegenheit erzählt. Eusebius sagt deutlich, daß die babylonischen Provinzen von Nero unterjocht worden seien; er sagt ausdrücklich, daß Nero seine Verfolgungen begann, nachdem er die babylonischen Provinzen unterjocht hatte. Diese Provinzen also waren den Römern bereits unterworfen, und die Verfolgung begann nach der römischen Occupation. Daß ferner die neronischen Verfolgungen auf die babylonischen Provinzen ausgedehnt worden seien, das wissen wir durch das Zeugniß des Orosius, welches Sie mir als bedeutendsten Bericht — denn er führt eine Anzahl recht ansehnlicher Zeugen auf — über die Ausdehnung der Verfolgung Nero's in den babylonischen Provinzen zugeben werden. Auf solche Weise erscheint alles natürlich, und man begreift, wie Petrus, indem er sich zu Babylon, im Mittelpunkte seines Apostolats, befand, von seinem bevorstehenden Tode schrieb und seine Schäflein auf die Nachricht von seinem Märtyrertode vorbereitete, und daß er sie zu ermuthigen suchte mit dem Beispiele der Thatsachen muthvollen Bekenntnisses, welche von Andern vollbracht seien, vorzugsweise in der Stadt Rom. Die Art und Weise also, in welcher der heilige Petrus gekreuzigt wurde, führt mich zu dem Schlusse, daß er auch nicht einmal bei seinem Märtyrertode zu Rom war, sondern daß er den Märtyrertod in dem chaldäischen Babylon erlitten hat.

Einen andern, für uns positiven und biblischen Beweis, daß der heilige Petrus nicht nach Rom gekommen ist, finde ich in dem Apostolate des heiligen Paulus in Rom selbst, nicht so sehr dessentwegen, was im ersten Kapitel des Briefes an die ruhmwürdigen Väter Roms, der gestern angeführt wurde, gesagt ist, als vielmehr dessentwegen, was in dem fünfzehnten Kapitel desselben Briefes gesagt ist. Im ersten Kapitel, wie Sie sich erinnern werden, sagt Paulus zu den Römern, er sehne sich höchlich, sie zu sehen, um ihnen Einiges von geistiger Gabe mitzutheilen, auf daß sie bestärkt würden. Nun würde es aber mit gesunder Logik nicht im Einklange stehen, und noch viel weniger, wie ich glaube, mit Recht und Gerechtigkeit, wenn Petrus diese Gabe bereits mitgetheilt hatte und schon vorher die Römer bestärkt hatte. Aber im fünfzehnten Kapitel, Vers 20, sagt er: „Indem ich aber meine Ehre darin setze, auf diese Weise zu predigen, nicht wo Christus genannt worden ist, damit ich nicht auf fremder Grundlage bauete." Wenn Paulus nicht predigen wollte, wo Christus schon genannt worden war, um nicht auf fremder Grundlage zu bauen, wofern er dann nach Rom gekommen wäre, wo Petrus bereits gewesen wäre (ich spreche von der Zeitperiode, in welcher er an die Römer schrieb), dann würde er ja auf der Grundlage Petri gebaut haben und würde gepredigt haben, wo Petrus bereits gepredigt hätte; und das würde im Widerspruch stehen mit alledem, was er an die Römer schrieb. Wenn er das an Andere geschrieben hätte, schon gut; aber daß er es an die Römer schrieb, das beweist, daß vor ihm Niemand denselben gepredigt hatte, weil er ja auf fremder Grundlage nicht bauen wollte.

Damit soll nun freilich nicht gesagt werden, vor der Ankunft Pauli sei das Evangelium zu Rom nicht verkündigt worden, oder um es besser auszudrücken, nicht dahin gebracht worden. Ich schließe nicht aus, daß Petrus vermittelst seiner Proselyten an der Gründung der Kirche in Rom einen Antheil habe, weil ja doch die beim Pfingstfeste herzugekommenen Römer von Jerusalem abreisten und das Evangelium nach Rom brachten.

Ich sage nicht, daß es keine Gemeinde in Rom gegeben habe, kein Christenthum daselbst gegeben habe; sondern daß das Evangelium daselbst nicht gepredigt worden war von Petrus, wohl aber dahin gebracht von den Schülern Petri und Pauli, und insbesondere von Aquila und Priscilla, bevor Paulus nach Rom kam. Aber das Evangelium war noch nicht im Angesichte der Heiden und Cäsaren gepredigt worden; es war noch eine Predigt im Geheimen, in Familien. Es war also noch keine Predigt von irgend einem Apostel.

Man werfe nicht ein, was man immer noch sagen könnte, daß Petrus das Evangelium gepredigt habe, wenn nicht den Uebrigen, so doch den Israeliten, da wir ja aus der Apostelgeschichte wissen, daß Paulus, als er nach Rom kam, die Juden um sich versammelte, und daß diese sagten, sie kännten noch nichts von dieser Sekte, von welcher Niemand ihnen Nachricht gegeben haben konnte. Und dieser Beweis des Apostolats des heiligen Paulus führt mich zu der Schlußfolgerung, daß bis zu jenem Augenblicke das Evangelium zu Rom unter den Hebräern nicht gewesen war; und das sind für mich positive Beweise, daß der heilige Petrus nicht in Rom gewesen war. Aber man sagte gestern, die Apostel hätten den Auftrag von Christus, in ihrer apostolischen und evangelischen Sendung in alle Welt zu gehen und das Evangelium allen Völkern zu predigen, und folglich bestehe kein Verbot, nach Rom zu gehen, und unter den Uebrigen bestehe kein Verbot für Petrus. Hier, meine Herren, bitte ich ein wenig aufmerken zu wollen.

Wir verfechten die These, daß Petrus nicht [nach Rom] gekommen ist, keineswegs, daß er dahin nicht habe kommen können. In Folge dessen, — wenn ich von Geschichte spreche, nicht von biblischer Exegese (denn ich könnte es auch in anderem Sinne beweisen, daß er nicht kommen konnte, auf Grund seiner besonderen Mission bei den Hebräern), dann behaupte ich, nicht eben, daß er nicht dahin kommen konnte (weil er ja immer dahin kommen konnte), sondern daß er nicht dahin gekommen ist.

An und für sich hatten alle Apostel die Vollmacht, zu gehen und das Evangelium zu predigen allen Völkern; gleichwohl, kamen denn alle Apostel nach Rom, da es ihnen doch nicht verboten war? Nein; sie kamen nicht. Wie wissen Sie, daß sie nicht dahin kamen? Weil der heilige Lukas es nicht berichtet; nun, dann werde ich behaupten: auch der heilige Petrus kam nicht dahin, und zwar aus demselben Grunde, weil der heilige Lukas es nicht berichtet; und wenn er dahin gekommen wäre, so mußte der heilige Lukas es berichten; ich bestehe auf dem Worte: „mußte"; vor Allem, weil Einige mir sagen: Wohin gingen sie? Sie gingen, wohin zu gehen die göttliche Gnade ihnen eingab, wohin zu gehen der Geist, wie wir es in der Apostelgeschichte finden, ihnen Weisung gab; und es ist dieser Führer=Geist, den wir in der ganzen Bibel gewahren, welcher alle Schritte der Apostel lenkt, in einer Weise, daß ich die prächtige Stelle da finde: „Als Paulus und Barnabas nach Asien gingen, wehrte ihnen der Geist, weiter zu gehen und wie sie in Mysien eingetreten waren, um nach Bithynien hinüberzugehen, gestattete es ihnen der Geist Jesu nicht." [Apostelgesch. Kap. XVI, V. 6 u. 7.] Und wozu diese ganze Verhinderung und Verwehrung? Weil diese Länder das besondere Arbeitsfeld Petri waren, weil Christus keine Durchkreuzung im Apostolate wollte und Paulus nicht auf fremdem Fundamente bauen wollte.

Das ist eine Erscheinung solcher Art, meine Herren, daß ich hier genöthigt bin, etwas auszusprechen, was Jedermann weiß: **Deus et Natura nihil agunt frustra.** Nein, Gott thut nichts vergebens; und da Gott ausdrücklich einen Apostel für die Heiden auserwählt hatte, um seinen Namen vor die Könige zu tragen — denn für diese Mission war Paulus berufen — so durfte Niemand den heiligen Paulus in seinem Apostolate durchkreuzen, und der Geist würde es nicht zugelassen haben; so daß hier, meine Herren, in der Bibel ein Wort steht (und es ist das Wort Gottes selbst, welches für mich so viel gilt, wie alle Autoritäten zusammengenommen, die mir entgegengestellt werden könnten) gegen die Ankunft Petri in Rom; ich habe hier das Wort Gottes an Paulus: „Wie Du in Jerusalem von Mir gezeugt hast, so mußt Du auch in Rom zeugen." [Apostelgesch. Kap. XXIII, V. 11.]

Von keinem andern Apostel, selbst nicht von Petrus, sind diese Worte gesagt worden, daß er Zeugniß geben solle zu Rom; und aus diesem Grunde behaupte ich, daß Paulus dorthin gekommen ist, weil es die Stimme Gottes ist, welche ihn dahin ruft, der Geist Gottes, der ihn dorthin treibt, und Gottes heilige Schrift, die es mir erzählt; warum will man es mir in Abrede stellen, daß ein positives Wort in der Schrift darüber vorkommt? Warum will man mir ein so klares Zeugniß zurückweisen? Gestern wollte man mir aus Paulus einen Landstreicher machen, und warum will man diese Eigenschaft dem Petrus absprechen? Entschuldigen Sie das Wort Landstreicher; denn ich bin nicht der Meinung, daß man einen Apostel, der im Lande umherzieht, um zu predigen, einen Landstreicher oder Vagabunden nennen dürfe. Auf alle Fälle liegt, wenn die Reise Pauli außer Zweifel steht, der Grund darin, weil ich sie registrirt finde; und wenn ich die Reise Petri nicht zugebe, so liegt der Grund darin, weil ich sie nicht registrirt finde. Petrus geht nach Lydda, nach Joppe, nach Cäsarea, nach Samaria, nach Antiochien und verweilt wieder in Jerusalem, — das wird erwähnt; Paulus geht in so und so viele Orte des Orients, des Occidents, — das wird erwähnt. Wie Sie nicht würden beanspruchen können, ich solle leugnen, daß Paulus in Korinth, in Athen, in Thessalonich, in Macedonien und Rom gewesen ist, weil ich das in der Bibel lese; ebenso können Sie nicht beanspruchen, ich solle glauben, daß Petrus in Rom gewesen sei, weil ich dies nicht darin lese; dies wurde niemals gesagt, noch geschrieben von den inspirirten Autoren. Gerade aus diesem Grunde sage ich, daß ich in der Bibel nicht bloß das finde, was Sie den negativen Beweis des Schweigens nennen, sondern sage und behaupte, daß ich darin sogar den positiven Beweis dafür finde, daß Petrus in Rom nicht gewesen ist, da ja seine Kreuzigung selbst nothwendiger und natürlicher Weise mich nach Babylon führt bis zur letzten Periode seines Lebens, dorthin, wo sein Apostolat inmitten der Diaspora ihn vorzugsweise festhielt. Petrus war nach Rom nicht gekommen; nicht etwa deshalb nicht, weil er dorthin nicht hätte kommen können, sondern deshalb nicht, weil, behaupte ich, der Geist Gottes es ihm wehrte, und weil Petrus dazu bestimmt war, den Beschnittenen das Evangelium zu bringen, und Paulus — den Heiden.

Was den biblischen Beweis für die Nicht-Ankunft des heiligen Petrus in Rom anbetrifft, so muß ich auf einige Bemerkungen meiner gelehrten Gegner von gestern Abend über die Chronologie antworten, und insbesondere über das Datum „Babylon."

Ich beginne mit der Chronologie: Es wurde von meinem

hochgelehrten Gegner, der zuerst auftrat, die Behauptung aufgestellt, daß auf dem Gebiete der Chronologie Alles sich noch in Dunkel und Ungewißheit befinde. Ich nehme an, daß es darin noch einige Unvollkommenheiten giebt; ich nehme an, daß man vielleicht fürderhin noch inmitten des Dunkels und der Ungewißheit wandeln wird; ich nehme an, das dieses zu den Dingen gehört, welche Gott den Disputationen der Menschen anheimgegeben hat; da wir ja doch — sei es nun wegen der Natur der erzählten Dinge, sei es wegen der Eigenthümlichkeit der Erzähler, sowohl [!] im Neuen Testamente und sogar im Evangelium selbst — nicht finden, daß sie [die Verfasser] sich mit den Zeitangaben befassen. Und in Folge dessen liegt es denen ob, welche die Wahrheit lieb haben, welcher Farbe sie auch immer angehören, daß sie diesem Studium, die möglichst annähernden Daten der biblischen Chronologie aufzufinden (und wir sprechen hier vom Neuen Testamente), mit Aufrichtigkeit und mit Liebe sich hingeben, weil man dann zu einer biblischen Conclusion kommt.

Gestern Abend wurde die Bemerkung gemacht, die Kunst, die Daten der biblischen-Chronologie zu verificiren, sei so dunkel, daß man die Epoche der Ankunft Pauli in Rom nicht feststellen könne. Ich bitte um Vergebung. Die Epoche der Ankunft Pauli in Rom fällt in das Jahr 61, und das geht aus einem sicheren Datum hervor. Wenn die Menschen ein sicheres Datum in Händen haben, da geht es ihnen wie dem Archimedes, welcher mit seinem Hebel, wenn er einen Stützpunkt gehabt hätte, die Welt aus ihren Schranken würde gehoben haben. Das sichere Datum ist die Ankunft des Landpflegers Portius Festus; und diese fiel, das wissen wir, in das Jahr 61; und in demselben Jahre wurde Paulus als Gefangener nach Rom gebracht. Ich finde, daß dieses ein sicheres Datum ist. Da könnten Etliche sagen: Das Datum ist doch noch nicht allseits sicher; es waltet darin noch einige Unsicherheit (für mich nicht), da es nicht allseitig feststeht, daß Portius in jenem Jahre ankam. Da werde ich eine kleine Bemerkung machen, und die ist: Das Datum steht wohl fest; es kam nämlich Paulus zu Rom an in dem Jahre, in welchem der Landpfleger Portius [zu Jerusalem] ankam, in einem von der Profangeschichte festgestellten Jahre; denn man kennt aus den Konsularischen und Kaiserlichen Acta das Datum der Ankunft dieses Landpflegers.

Und sollten Sie nun noch finden, daß dies doch noch nicht genau festgestellt sei, dann greife ich zu dem Beweise des hochgelehrten Fabiani von gestern Abend, wo derselbe sagte, daß er mit Hülfe der neuen Entdeckungen chronologische Daten aufgefunden habe, welche [Entdeckungen]*) die Geister Einiger, welche der Bibel nicht gewogen sind, dermaßen berauscht hätten, daß sie sich nicht enthalten konnten auszurufen: Die biblischen Daten sind mit diesen Euren Entdeckungen sämmtlich vernichtet! Ich habe meinem verehrten Gegner bereits erklärt, daß ich darüber keine Sorge habe, und auch er wird darüber keine Sorge haben; denn die Bibel ist unerschütterlich gegen jeden Angriff und wird immer triumphiren.

Aber, ich meine, wenn Sie also mit Hülfe der neuen Entdeckungen diese sichersten Data haben auffinden und Ihre Chronologie haben feststellen können, da wird man mit anderen Entdeckungen auf irgend einem Monumente, auf irgend einem Steine wohl noch dazu gelangen können, daß man mit noch größerer Gewißheit wird sagen können: Portius kam als Landpfleger in dem und dem Jahre nach Judäa. Da sehen wir also, daß es in der Bibel doch sichere Daten giebt und daß es nicht wahr ist, Alles sei da Dunkel. Es giebt ein sicheres Datum und wir wissen, daß, wenn man vom Bekannten ausgehen kann, es nicht gar so schwer ist, zum Unbekannten hinzugelangen.

Auch sind damit die sämmtlichen sicheren Daten nicht zu Ende, weil wir ein anderes positives Datum in der Bibel haben, um die Daten fixiren zu können, und das ist das Hinaufgehen des heiligen Paulus nach Jerusalem drei Jahre nach seiner Bekehrung, und vierzehn Jahre nachher — wegen der Zusammenberufung des Concils.

Fast wäre ich gestern Abend erschrocken, als ich hörte, daß man uns von Seiten der Atheisten und Rationalisten würde entgegenhalten können, daß wir nur einen einzigen Zeugen hätten, daß wir einzig den heiligen Paulus citiren könnten. Meine Herren, wenn ich einen inspirirten Schriftsteller in Händen habe, wenn dieser Schriftsteller von einem positiven Faktum spricht, von

---

*) Die Uebersetzung wollte den mißverständlichen Satzbau des Originals genau nachbilden.   Anmerkung des Uebersetzers.

einem persönlichen Faktum, da fürchte ich mich nicht vor zehn Millionen Atheisten und Rationalisten; sie sind ohnmächtig, einen Koloß, wie solch ein inspirirter Schriftsteller ist, zu Boden zu werfen.

Also Paulus ist mir genug; und wenn ich das Zeugniß Pauli habe, der mir zwei sichere Daten giebt, so schreite ich vor und sage: Wir haben ein Bekanntes, wir werden das Unbekannte erreichen. Wenn man diese Art und Weise vorzugehen nicht annimmt, da giebt es kein chronologisches Studium mehr. Die Frage hängt nunmehr davon ab, wann die Bekehrung Pauli geschah. Ueber diese Ansicht verliere ich weiter kein Wort und sage meinen gelehrten Gegnern, daß ich mir von Niemandem imponiren lasse, auch von Ellendorf nicht, von welchem ich speciell eine Zeitbestimmung in seine: Chronologie verwerfe, daß nämlich der Tod des Stephanus und die darauf folgenden Christenverfolgungen in ein und derselben Zeit sich ereignet hätten. Die bezügliche Differenz wird indeß äußerst gering sein und wird die großen Züge, die großen Linien der biblischen Geschichte nicht ändern. Die Steinigung des Stephanus kann sehr gut dahin festgestellt werden, daß sie unter Tiberius stattgefunden habe; aber die Verfolgungen gegen die Christen kamen nicht in derselben Epoche vor. Das behaupte ich, weil den Verfolgungen der Charakter des Tiberius nicht entspricht, welcher vielmehr die Seitens der Senatoren, welche die Christen aus Rom vertrieben wissen wollten, angeregten Verfolgungen verhinderte. Unter Tiberius konnte Stephanus zum Tode geführt werden, wie Jesus Christus zum Tode war geführt worden, auf Anstiften der Juden, welche den Einen wie den Andern der Gotteslästerung anklagten, und durch jenes Schattenbild von Autonomie, welches ihnen die Römer belassen hatten, in dem Falle mit Jesus es verlangten, daß Pilatus in ihr Verlangen einwilligte. Unter Tiberius also konnte der Tod des Stephanus sich ereignen, aber, ich wiederhole es nochmals, die Verfolgungen konnten sich nicht ereignen; diese ergingen unter Caligula. Aber wenn unter Caligula die Verfolgungen grausam wurden, so kann ich nicht annehmen, daß unter Caligula der Tod des Stephanus erfolgt sei. Ich entnehme den Grund dafür aus dem Bibeltexte, aus welchem ich erfahre, daß beim Tode des Stephanus Paulus, damals noch ein Knabe, die Kleider derer bewachte, die den Stephanus steinigten; er [Paulus] hatte das nöthige Alter noch nicht erreicht, um die toga virilis anzulegen, er war minderjährig. Darum muß man einen Zwischenraum lassen zwischen dem Tode des Stephanus, welcher in einer Zeitepoche erfolgte, als Paulus noch minderjährig war, und den Verfolgungen, welche eintraten, als Paulus nothwendig großjährig sein mußte, weil er von den Hohenpriestern Briefe erlangt hatte (um damit die Verfolgung anzuordnen), welche er nicht würde erlangt haben, wenn er noch ein Knabe war. Sie sehen also, daß man mit Hülfe der Chronologie und mit einiger Berechnung, indem man von etwas Bekanntem ausgeht, etwas Unbekanntes aufdecken kann. Ich wiederhole es Ihnen also, daß die Chronologie, wie auch gestern Abend einigermaßen dargethan wurde, uns zu der Schlußfolgerung führt, daß der heilige Apostel Petrus nicht in Rom gewesen war.

Ich sage es indeß zum zweiten Male: ich stelle nicht die Frage nach Zeit und Gelegenheit, weil der heilige Petrus Zeit und Gelegenheit in jener Zwischenzeit hätte haben können; ich sage bloß, daß er nicht dagewesen ist. Also in der Chronologie haben wir einen Beweis durch sehr viele Daten, daß Petrus nicht nach Rom gekommen war.

Von der Chronologie zu der besonderen Mission übergehend, nehme ich nicht bloß an, sondern halte aufs Entschiedenste die Ansicht meines ersten hochgelehrten Gegners fest, daß man diese Mission nicht einschränken darf; im Gegentheil, wir müssen stets nach jener schönen Weisheitsregel aus dem Munde Christi vorgehen, welcher sagte: „Dieses Evangelium wird verkündigt werden zuerst in Jerusalem, dann in Judäa, dann in Samaria, dann bis an die äußersten Enden der Erde," [Vgl. Apostelgesch. Kap. I, V. 8.] was so viel sagen will wie: Wir werden zuerst im eigenen Hause, dann bei den zerstreuten Schäflein des Hauses Israels und dann bei der Heidenschaft wirken.

Ich nehme folglich an, daß Petrus ebensowohl Apostel der Heiden, wie der Hebräer war, gleichwie Paulus ebensowohl Apostel der Hebräer, wie der Heiden war; und darüber erheben wir keine Frage; aber ich halte fest an dem speciellen Auftrage, der diesen beiden Aposteln gegeben war. Ich verweile hier besonders bei dem Auftrage Petri, weil er mich auf meine Schlußfolgerung führt. Gestern Abend wurde bemerkt, daß wir in dem, was in der Epistel an die Galater stände, ein freundschaftliches Uebereinkommen zwischen den Aposteln sehen müßten oder, wie man heutzutage sagen würde, einen Compromiß. Nein, meine Herren; es ist weder ein Uebereinkommen, noch ein Compromiß; es ist ein specieller Auftrag Gottes selbst; und lassen Sie nicht außer Acht: auch wenn es ein zwischen ihnen getroffenes Uebereinkommen gewesen wäre, so müßte man, da es sich doch um Personen handelt, die vom Geiste Gottes geleitet wurden, stets voraussetzen, daß sie die Bestimmungen, welche sie unter sich vereinbart hatten, in Ehren hielten; aber ich bestehe nicht auf dem Uebereinkommen, sondern auf dem speciellen Auftrage; da ich ja doch im Briefe Pauli an die Galater, Kap. II, Vers 7, finde: „Im Gegentheil, als sie sahen, daß mir das Evangelium bei den Unbeschnittenen anvertraut worden, wie dem Petrus das bei den Beschnittenen (denn Der den Petrus zum Apostelamt bei den Beschnittenen kräftigte, Der kräftigte auch mich bei den Heiden); und als sie erkannten die mir verliehene Gnade; da gaben Jakobus und Kephas und Johannes, die als Säulen Angesehenen, mir und Barnabas die Hand zur Gemeinschaft: daß wir zu den Heiden zögen, sie aber zu den Beschnittenen." Es ist mithin kein Uebereinkommen, sondern es ist das, daß sie in ihm die Gnade des Herrn erkannt hatten, der ihm anvertraut hatte das Evangelium für die Nichtbeschnittenen und die Heiden; folglich ist es eine wirkliche Mission, deren Anordnung von Gott selbst ausging; und dieser Mission gemäß, meine Herren, (wie gestern Abend, aus verschiedenen Gründen besonderer Convenienz, mein guter und bester Gegner bemerkte, Petrus sei den Juden angenehmer gewesen), — ich finde, daß dieser besonderen Mission gemäß Petrus zunächst und gewissermaßen fast ausschließlich mit den Juden sich beschäftigen mußte — er, welcher empfangen hatte, wie Ambrosius sagt, einen Primat, einen Primat des Glaubens, einen Primat des Wortes, unter den Juden am Pfingsttage, einen Primat, welchen Gott ihm versprochen hatte und welchen er in solcher Weise aufrecht erhielt, da ja Petrus der erste war, um das Evangelium in Jerusalem am Pfingsttage öffentlich zu verkündigen. Gott hatte ihm außerdem, wenn Sie wollen, noch den Primat des Wirkens mit dem Primate des Wortes verliehen, bei der ersten Verkündigung des Evangeliums an die Heiden in Cäsarea und bei der Taufe des

Ersten unter ihnen, der für uns ein National-Ruhm ist, da er ja ein Italiäner, ein Römer aus der Familie der Cornelier war; und lassen Sie mich es sagen: für uns ist ruhmvoll, daß der erste vom Heidenthum zum Christenthum Bekehrte und Getaufte nicht blos ein Italiäner, sondern sogar ein Römer war.

Petrus hatte hauptsächlichen Antheil am Concil zu Jerusalem, bei der Frage über die Beschneidung; und er mußte auch nach Antiochien gehen, wo Hebräer waren, in besonderer Weise, um sich mit ihnen zu befassen.

Man entgegnete gestern: Aber wenn Petrus sich so sehr mit den Hebräern befaßte, so mußte er nothwendigerweise nach Rom kommen, weil es auch zu Rom Hebräer gab. — Aber ich antworte: Wie hätte das der arme Petrus zu thun gehabt? wenn er überall hingehen sollte, wo es Hebräer gab, so hätte er die ganze Welt durchziehen müssen, weil die Hebräer über die ganze Welt auch derzeit zerstreut waren, und wir finden, daß Paulus sie allenthalben antrifft, wohin er geht. Also auch dies würde kein treffender Grund sein; denn in diesem Falle hätte Petrus, Ihrer Ansicht gemäß, alle die Reisen Pauli wiederholen müssen, um mit den allenthalben zerstreuten Hebräern zu sprechen.

Aber nach Rom, sagt man, mußte er vor Allem kommen, weil die Hebräer in Rom mächtig waren. Ich antworte darauf: In Rom waren sie nicht mächtig wie in Alexandrien, wo sie moralisch und materiell mächtig und einflußreich waren, — nicht bloß wissenschaftlich, da sie dort ihre berühmte Akademie hatten, wo eben die Uebersetzung der Siebenzig gemacht war. Ging er darum vielleicht nach Alexandrien? Nein; folglich finde ich keinen Grund, daß er nach Rom kommen sollte, bloß weil daselbst die Juden mächtig waren.

Und ich bitte meinen guten und gelehrten Gegner um Verzeihung — wenn er, in seiner Begeisterung für Cicero, für den auch ich begeistert bin, sagte, daß derselbe habe leise sprechen müssen, weil die Juden mächtig gewesen seien. In Bezug auf Reichthum — das leugnen wir nicht; nicht jedoch mächtig durch Anzahl, noch durch sociale Stellung, weil wir wissen, daß, trotzdem Rom zu den Zeiten des Claudius und Nero nicht das wird gewesen sein, was es unter Trajan war, — weil wir zuverlässig wissen, daß nach den Schriftstellern jener Zeit die Anzahl der Hebräer nicht über fünf- bis sechstausend hinausging; und fünf- oder sechstausend Hebräer unter fünf Millionen Römern, das zählte doch nur als ein sehr kleiner Bruchtheil. Da kann man also nicht sagen, daß er hierher gekommen wäre, um den Hebräern das Evangelium zu predigen; und Petrus mußte dorthin gehen, wo die Hebräer nicht bloß ihres Reichthums oder ihrer socialen Stellung wegen angesehen waren, sondern wo sie in größerer Anzahl und mächtig an Einfluß waren, wie sie das in den chaldäischen Provinzen waren, wohin ihn sein Apostolat unter die Schäflein der Zerstreuung aus dem Hause Israels rief; und die Juden waren zahlreich in den Provinzen Babyloniens theils wegen erst kurz zuvor stattgehabter Einwanderung, theils weil sehr viele Juden nach der babylonischen Knechtschaft niemals zurückgekehrt waren. Wir haben Flavius und Strabo, welche versichern, daß dort Myriaden mal Myriaden waren; und sie stellen uns eine Berechnung auf von nicht weniger als vier Millionen im Herzen von Asien, ganz allein in den Provinzen Babyloniens. Also, meine Herren, lassen Sie Petrus dorthin gehen, in das wahrhaftige Centrum seines Apostolats, mitten hinein nach Babylonien. Aber Sie werden sagen: Woher lässest du ihn vorzugsweise dorthin gehen, nachdem Jakobus und Johannes das Apostolat der Beschneidung, welches sie erhalten hatten, mit Petrus sich getheilt hatten? Lassen Sie Johannes frei nach Ephesus gehen und Jakobus nach Jerusalem, und folgen Sie Petrus in den Mittelpunkt seiner Mission, unter die Hebräer, in die Hauptstadt der Zerstreuung der zwölf Stämme; nicht freilich wie in die eigentliche Hauptstadt, sondern weil sie die Mehrzahl der ausländischen Israeliten oder der Diaspora einschloß. Wenn ich nun finde, daß es Petrus selbst ist, der Zeugniß giebt von dem treuen Festhalten an seiner Mission, — — denn das ist die Ehre seines Apostolats —, warum sollte man sie ihm nehmen wollen? Petrus hat die Mission der zerstreuten Schäflein aus dem Hause Israels empfangen; wir finden, daß der Mittelpunkt seiner Mission Babylon ist, wie er selbst mir bezeugt; und nun siehe an, man will dieses sein Zeugniß vernichten, indem man behauptet, daß das Datum seines Briefes eine Metapher ist und daß man in Folge dessen unter jener Metapher „Rom" verstehen müsse, und daß man „Babylon" als eine Metapher nehmen müsse, und nicht anders. Und warum mußte er es als Metapher anwenden? Um sich zu verstecken! Ich sage nicht, daß meine guten und gelehrten Gegner diese Meinung vertreten wollen, sondern es haben Etliche den Einwand gemacht, er habe es gethan, um sich vor seinen Verfolgern zu verstecken. Ich wiederhole, daß es nicht Furcht vor den Verfolgern war, und das [thue ich] um so mehr, als ihm der Märtyrertod von Christo selber war prophezeiht worden. Also keine Metapher, um sich zu verstecken; eine Metapher also poetischen Styls oder aus literarischer Laune! Nicht wahr? es wäre lächerlich bei einem Apostel! Gestern Abend wurde gesagt, es würde lächerlich sein, wenn ein Brief ein poetisches Datum statt des brieflichen Datums hätte, und heute möchte ich es lächerlich an dem heiligen Apostel Petrus nennen, daß er sich dieser Metaphern bedient habe; denn, merken Sie wohl auf, hat vielleicht nach der Apokalypse (sie wurde nämlich so und so viele Jahre nachher geschrieben) der Tod des heiligen Petrus sich ereignet? Nun aber ist die Metapher geschrieben worden zur Zeit Petri und an Menschen, welche gleichzeitig mit Petrus lebten. Wenn die Metapher gebraucht worden wäre nach der Apokalypse, in leichtgehaltenem Styl, da könnte man sie hingehen lassen; aber auch darüber würde die Bemerkung am Platze sein, daß Johannes gegen Babylon geschrieben hatte, indem er die Stadt unter dem Bilde des Weibes personificirte, das er ehebrecherischen Umgang pflegen ließ mit Königen und Völkern; in Folge dessen hatte er ihr bereits ein Merkzeichen gegeben, indem er sie Babylon die große nannte. Aber Petrus sagt nicht: Babylon die große; er sagt: Babylon; und da zu seinen Zeiten Babylon von Niemandem war genannt worden, nicht einmal von Johannes in der Apokalypse, wie können wir da unter Babylon Rom verstehen?

Ich muß unter Babylon das verstehen, was es ist, nämlich die chaldäische Hauptstadt, welche den Mittelpunkt seines wirklichen Apostolats, seiner Mission bei den Schäflein Israels bildete. Und, merken Sie auf, es ist da noch eine weitere Bemerkung zu machen, und die hängt genau mit der Bibel zusammen und ist folgende: Jenes Wort kommt vor, wo er sagt: „Es grüßet euch die miterwählte Gemeinde in Babylon." [I Br. Petr. Kap. 5. V. 13.] Wenn ich nun beständig bei allen Aposteln finde: Es grüßt euch die Gemeinde in Korinth, die Gemeinde in Ephesus, die Gemeinde in Philippi, — warum wollen Sie da, daß man, wenn der Apostel zum Schlusse sagt: die miterwählte Gemeinde in Babylon, — Rom darunter zu verstehen habe? Es würde eine Beschimpfung für Rom gewesen sein, zu seinen [Petri] Zeiten es Babylon zu nennen in dem Sinne, wie der heilige Apostel Johannes das thut. Und, merken Sie auf, die Ausleg und die Kenner [der Apokalypse] sind nicht einmal sicher, ob unter dem Worte Babylon das Heidnische Rom verstanden sein solle, weil Andere Rom darunter wollten verstanden wissen und Andere sogar Konstantinopel darunter wollten verstanden wissen.

Man kann folglich nicht ohne Weiteres behaupten, daß auch Johannes unter Babylon Rom verstanden habe; wenn folglich auch heutzutage unter den großen Commentatoren Zweifel darüber besteht, ob man unter Babylon in der Apokalypse Rom zu verstehen habe, so würde man um so weniger in dem Brief des heiligen Petrus Babylon als Rom auffassen können; denn das würde nicht blos lächerlich, sondern auch beleidigend sein. — Gestern Abend wurde gesagt, daß aber die Anordnung der Worte in jenem Briefe darauf führe, daß derselbe eher von Rom als von Babylon herkommen müsse. Unterließe ich es um der aufrichtigen Achtung willen nicht, die ich vor meinem ersten Gegner habe, so würde ich behaupten, er glaube selber nicht an jene seine geographische Anordnung; denn, während die Anordnung der Provinzen passend ist, sobald man von Babylon ausgeht, wird sie gänzlich unpassend, wenn man von Rom ausgeht.

Als er sich des Irrthums versah, da suchte er eine Ausflucht und sagte, der Brief sei von Rom aus datirt und den Schiffern anvertraut worden, welche nach Pontus gingen. Aber mein gelehrter Gegner hatte gesagt: um nach Rom zu kommen, hätte Petrus zuerst von Cäsarea abreisen müssen, und auf dieser Reise würde er nur vierzehn Tage verbraucht haben. Aber warum läßt er den Brief alsdann nicht dieselbe Straße einhalten? Warum ihn das ganze Mittelmeer und einen Theil des adriatischen passiren lassen, um in den Hellespont und in das schwarze Meer einzulaufen und darauf nach Pontus zu gelangen? Warum hat er anstatt dieses zu langen Weges nicht den kürzeren gewählt?

Mein Gegner sagte, daß der Brief den längeren Weg genommen habe, weil Petrus ihn Thunfischhändlern anvertraut habe. Ich glaube nicht, daß die Apostel ihre Briefe Thunfisch=

händlern anvertrauten, weil ich lese, daß sie stets ihren treuesten Schülern sie anvertrauten. Ich kann daher die Geographie, wie sie uns gestern Abend auseinandergesetzt wurde, nicht annehmen, und ich glaube, daß, in Anbetracht der Lage der in dem Briefe Petri aufgezählten Länder, der Brief nicht von Rom ausgehen konnte, sondern in Wahrheit ausging von Babylon.

Einer unserer Gegner legte ein gewisses emphatisches Staunen an den Tag, weil Einer meiner besten Kollegen den Michaelis citirt hatte, welcher den Ausdruck Babylon zur Bezeichnung Roms zurückweist. Er [der Gegner] sagte, wenn Michaelis diese Auslegung zurückweise, so finde sie Grotius natürlich und vernünftig. Ob Grotius sie vernünftig finde oder nicht, das kümmert mich nicht im Geringsten; denn Eusebius findet sie nicht vernünftig. Nachdem er die Stelle aus Papias citirt hat, sagt Eusebius: Es war eine Meinung in Umlauf, dieser Markus sei der Evangelist, sei derjenige, dessen er [Petrus] in seinem ersten Sendschreiben [vgl. I. Br. Petr., Kap. 5, V. 13] Erwähnung thut, welches, wie man behauptet, von „Babylon" aus und zwar unter der Metapher „Rom" geschrieben sei; und diese (setzt Eusebius hinzu) diese Metapher ist zu kühn. Es handelt sich also nicht um ein Faktum, es handelt sich um eine Meinung, die in Umlauf war, und wir wissen, was die umlaufenden Meinungen bedeuten.

Mag Grotius immerhin die Metapher annehmen, wenn sie Eusebius zu kühn findet; ich werde es mit Eusebius halten, und da halte mein Gegner es immerhin mit Grotius. Aber es giebt noch Anderes. Hieronymus, in seinem Commentar zu Isaias, sagt, zu seiner Zeit hätten die Hebräer „Rom" für „Babylon" zu substituiren getrachtet; indem sie die babylonische Verkommenheit nicht hätten eingestehen wollen, hätten sie sich auf die römische berufen; und er fügt hinzu, man müßte albern sein, wenn man ihnen zugeben wollte, „Rom" für „Babylon" zu substituiren.

Also, meine Herren, auch nach Hieronymus würde eine solche Substituirung eine Albernheit gewesen sein; und wie können wir dieselbe nun annehmen oder vielmehr wünschen in dem Sendschreiben Petri, welches, abgesehen von allem Anderen, obendrein inspirirt war? Und dann führt mich das Datum „Babylon", indem es für mich das wirkliche Babylon sein muß, dorthin, wo der Apostel Petrus, treu haltend an seiner apostolischen Mission, sein Apostolats-Banner aufpflanzte und wo er starb; und das ist die Schlußfolgerung, bei der man anlangt: wo er starb. Man entgegnet mir: Wäre er zu Babylon gestorben, warum hat diese Stadt nicht Lärm geschlagen, um die Ehre des Martyriums Petri zu reklamiren? Ich antworte ohne Emphase: Das ist eine ganz einfache Geschichte. Zunächst aus dem Grunde, weil zur Zeit der heiligen Apostel, bei jener ursprünglichen Sitteneinfalt, nicht so viel Aufhebens und Lärmens, selbst nicht um den Tod der Apostel, gemacht wurde. Es ist freilich wahr, in dem profanen Griechenland giebt es die sieben Städte, welche sich den Homer streitig machen; aber wende ich mich zur Christenheit zurück, so finde ich in der Apostelgeschichte, daß, als Stephanus gesteinigt war, die Seinen ihn beweinten und ihn bestatteten [Kap. VIII, V. 3]; das war Alles. So wurden die heiligen Apostel, welche den Märtyrertod erlitten hatten, allesammt begraben, und man machte nicht viel Aufhebens, um ihre Gebeine zu bekommen und sie selber nach ihrem Tode zu verehren. Da haben wir eine ganz einfache Begründung aus dem Charakter jener Zeiten.

An zweiter Stelle sagt man: — Aber, wenn er in Babylon gestorben wäre und diesen Todten Rom für sich geltend gemacht hätte, so würde sich Babylon dagegen erhoben haben. — Zunächst und vor Allem: Sowie damals Niemand den Tod Petri in Rom geltend machte, ebenso erhob sich auch Babylon nicht; erst im vierten und fünften Jahrhundert begann man zu behaupten, Petrus wäre in Rom gestorben; denn zunächst war das bis dahin niemals behauptet worden, weil ja in jener Zeit Babylon das war, was man heutzutage eine Dioecese in partibus infidelium nennt; und später, wer hatte da was geltend zu machen? Niemand. Sie sehen also, daß dieser Einwurf auf Nichts hinauskommt.

Aber man sagt: — Warum lassen Sie ihn in Babylon sterben? — Weil ich finde, daß die letzten Briefe der Apostel uns den Ort ihres Todes anzeigen. Wir wissen zuverlässig, daß Paulus in Rom gestorben ist, auch aus seinem letzten Briefe, den er an Timotheus schreibt, worin er die Ankündigung seiner bevorstehenden Enthauptung macht. Aber Petrus schrieb seinen zweiten Brief in derselben Stadt, wo er den ersten geschrieben hatte; und dieses steht zweifellos fest, weil er an dieselbe Diaspora gerichtet ist; und er spricht davon, daß er dem Martyrium nahestehe, und bereitet die Seinen darauf vor; diese Epistel ist von Babylon aus geschrieben; folglich ist er in Babylon gestorben.

Da sehen Sie, das Alles hat einen natürlichen Verlauf; und nehmen wir auch den letzten der Einwürfe, welcher aus dem Ausdrucke Babylon entspringt, so beweist doch dieser, in seiner Einfachheit betrachtet, mit Nichten, daß Petrus in Rom gewesen sei, indem er getreulich festgehalten hat an seiner Mission, welche bei den zerstreuten Schäflein des Hauses Israels war. Man sagt indeß, seine Reliquien seien in Rom; und, haben Sie das wohl in Acht, Viele machen folgende Argumentation: — Wenn die Reliquien in Rom sind, so ist er folglich zu Rom des Märtyrertodes gestorben. Hier, sagt man, steht sein Grabmal, oder die Gruft, oder die Trophäe, oder das Martyrium, und folglich ist der heilige Petrus zu Rom des Märtyrertodes gestorben! — Nichts, in der That gar Nichts ist damit bewiesen. So gab es ein Martyrium des Laurentius zu Ravenna, und Laurentius ist nicht in Ravenna des Märtyrertodes gestorben; so gab es ein Martyrium des Stephanus zu Ankona, und Stephanus ist nicht zu Ankona des Märtyrertodes gestorben. So gab es zwölf Martyrien zu Ehren der zwölf Apostel zu Constantinopel in dem Tempel der heiligen Sophia, und die zwölf Apostel sind nicht zu Constantinopel des Märtyrertodes gestorben. Wenn es also auch Grüfte, Martyrien, Trophäen des h. Apostels Petrus in Rom gäbe, so würde das nicht beweisen, daß er in Rom gestorben sei. — Aber seine Reliquien! ... Gemach mit diesen Reliquien, meine Herren! Ich spreche nicht von meiner Zeit, ich spreche von der Zeit, auf welche wir uns hier beziehen, und das sind die ersten Jahrhunderte der Kirche. Zu Rom, so wird mir gesagt, da befindet sich der Leib des heiligen Stephanus, in einer Ihrer Basiliken; merken Sie wohl auf: so wird mir gesagt; ich verbürge es nicht. Aber weshalb befinden sich die Reliquien des Stephanus in Rom? Hat der heilige Stephanus vielleicht in Rom sein Martyrium erlitten? — Ist er vielleicht jemals in Rom anwesend gewesen? — Folglich, meine Herren! ziehen Sie doch ja keinen Schluß in oberflächlicher Weise aus den Reliquien des heiligen Petrus in Rom; gesetzt auch, dieselben wären in Rom; denn es ist kein stichhaltiges Argument; denn sie könnten anderswoher nach hier gebracht worden sein.

Was diese Reliquien ferner betrifft, so finde ich bei Eusebius (Sie sind ja nun einmal so große Liebhaber solch geschichtlichen gleichzeitigen Alterthums), daß Eusebius selbst mir sagt, daß es nicht unwahrscheinlich sei, daß sich die Reliquien Petri zu Zeiten Nero's in Rom befunden hätten; er sagt: es ist nicht unwahrscheinlich; also sicher ist es nicht. Und was sagt Augustinus darüber? Dicunt homines, die Leute sagen, der Leib Petri sei zu Rom; später sagt er: der Leib Pauli ist daselbst. Sie sehen also, bei Paulus bestätigt er es, und bei Petrus fügt er hinzu: die Leute sagen; folglich, daß der Leib Petri hier sei, ist ein Gerücht, ist keine Gewißheit; jener Pauli ist es ohne Zweifel. Und endlich will ich damit abschließen, daß ich das anführe, was ich bei Julianus Apostata finde (es würde mir leid thun, wenn ich das bloß bei Julianus Apostata finden sollte; aber gleicherweise finde ich es noch bei Cyrillus von Alexandrien, der es bestätigt und es als eine Thatsache annimmt, welche er zu seiner Zeit aus zuverlässigen Erkundigungen gewonnen hatte) daß nämlich, während Johannes sein Evangelium schrieb, die Trophäen, die Martyrien, die Grabesurnen der Apostel Petrus und Paulus in Procession ringsumher, von Ort zu Ort getragen wurden von andächtigen Trägern. Die Schlußfolgerung ist, daß Sie sich wenig auf die Reliquien verlassen können; und gestatten Sie, daß Alles an seinem Platze bleibe, das heißt, daß Jeglicher den Leib seines Apostels für sich behalten habe. Aber Ihre Tradition ist Gerücht, — Gerücht, und nichts anderes als Gerücht.

Wir haben keine Stadt, die jemals Streit erhoben habe wegen der Reliquien der Apostel; dieselben wurden da belassen, wo diese gestorben waren; aber sicher ist man darüber bei Keinem.

Mit der Bibel in der Hand, meine Herren, haben wir nicht blos jenen Beweis, den wir den negativen des Schweigens nennen, welcher mir hinlänglich darthut, daß der heilige Petrus niemals in Rom gewesen ist; sondern wir haben auch den positiven Beweis und alle die andern begleitenden Beweise — der Kreuzigungsart des Apostels Petrus, seiner besonderen Mission, des Apostolats Pauli, des Datums „Babylon" —; alle diese führen mich zu der Schlußfolgerung: Petrus ist niemals nach Rom gekommen. Und wenn Sie das sichere Zeugniß der Bibel zurückweisen, so müssen Sie das Schweigen derselben ersetzen durch ein geschichtliches, authentisches Faktum, durch eine gleichzeitige Bestätigung; und das ist es, was Sie zu thun niemals werden im Stande sein.

Folglich, da Sie für Ihre Behauptung, der heilige Petrus sei in Rom gewesen, keine andere Beweise haben, so sind Sie geschlagen durch die Bibel, welche unsere Glaubensregel ist und welche sich niemals widersprechen kann. Und immerzu werde ich Ihnen antworten: Beweisen Sie mit der Bibel, daß der heilige Petrus in Rom gewesen sei, wenn Sie auf Seiten der Bibel stehen wollen. Aber da der biblische Beweis sich nicht findet, so nehmen meine Gegner ihre Zuflucht zu der gleichzeitigen Geschichte und sagen mir, das Schweigen der Bibel würde ersetzt durch die geschichtliche Bestätigung.

Wenn wir, wo die Verneinung der Bibel betreffs eines historischen Faktums vorliegt, die positive Bestätigung Seitens der gleichzeitigen Geschichte haben könnten, dann ließe sich darüber streiten, ob wir das Substitut annehmen könnten; aber sowie ich bestätige, daß die gleichzeitige Geschichte weder ausdrücklich noch annähernd die Ankunft des heiligen Petrus in Rom beweist, so bleibt die Verneinung der Bibel bestehen. Meine Herren, hier handelt es sich nicht darum, vorzugehen mit Unsicherheiten und mit Dunkelheiten oder, wie Eusebius sagt, mit umlaufenden Meinungen, mit unbestimmten Gerüchten, und mit Redensarten wie: man sagt, es wird angenommen; wir müssen vorgehen mit positiven Thatsachen. Wenn ich nun von gleichzeitiger Geschichte spreche, so meine ich wirkliche Geschichtsschreiber ersten Grades.

In Folge dessen sind die gleichzeitigen Geschichtsschreiber nur die Zeugen de visu, oder die Augenzeugen, weil sie persönliche Kenntniß der Menschen und der Sachen haben, von denen sie sprechen.

Nach diesen kommen als solche zweiten Grades die Zeugen de auditu, welche von den Zeugen de visu die Erzählungen über die Thatsachen empfangen und sie überliefern, aber in zweiter Ordnung.

Nach diesen kommen die Dritten; das sind Jene, welche von den Ersten die Erzählungen aufnehmen, das nämlich, was von Jenen [den Ersten] Diese [die Zweiten] gehört haben; und darum sind die Dritten nichts, als einfache Sammler und werden nur uneigentlich Geschichtschreiber genannt.

Nach den Dritten — mit den Uebrigen befasse ich mich nicht mehr; sie mögen immerhin zu Millionen und Millionen auftreten; Geschichtschreiber heißen sie für mich nicht mehr, ich nenne sie Sammler, Zusammenstoppeler von Notizen. Ich werde sie Geschichtschreiber nennen mit Rücksicht auf das Kriterium und die Philosophie, welche sie bei Zusammenstellung jener Sachen angewandt haben; aber wirkliche Geschichtschreiber sind nur die Gleichzeitigen und die Zeitgenossen. Und da begegnet es mir, daß ich, wenn ich in einem dieser späteren Geschichtschreiber die Dinge finde, welche von den ersten Zeugen schon erzählt sind, ihn einen Abschreiber nenne; und wenn ich neue Dinge finde, so nenne ich ihn einen Fabel=Erzähler. Aber man sagt: — Wir haben einen ganzen Haufen solcher Zeugen; — die Menge selbst also beweist, daß das Faktum wahr und allbekannt ist. Langsam; ich will eine Vergleichung anstellen: Titus Livius, der römische Geschichtschreiber, so lange der erzählt, was er aus den fasti consulares, aus den Inschriften, aus den Monumenten und aus allem dem, was wir als Hülfsmittel des Geschichtschreibers bezeichnen würden, gesammelt hat, so lange ist er wahrhaftig, und man kann ihm glauben; aber wo er sich einläßt auf die Redensart des Pöbels: „man sagt", da hat er die Fabel von den Anfängen Roms gewoben, die sich in die heidnische Mythologie verlieren. Aber weil diese Sachen von Titus Livius erzählt waren, so haben Alle siebzehn Jahrhunderte hindurch auch seine Possen über die Anfänge Roms angenommen; aber heutzutage neben der Kritik und neben der Philosophie — wer nimmt sie da noch an? — Keiner. Wozu nützt also der Haufen von Zeugen, welche sie angenommen haben?

Und gleicherweise, meine Herren, würde ich, wenn in den späteren Jahrhunderten der heilige Petrus zu Rom angetroffen wird, und sich das in den gleichzeitigen Schriftstellern nicht findet, sollte auch eine Million solcher Zeugen, welche weder de visu noch de auditu sind, — und wären es auch die achtungswerthesten Namen, — kommen und es bekräftigen, so würde ich doch sagen: es sind nur Fabelerzähler.

In der That, gestern Abend vermochte man nicht zu leugnen, daß in Wahrheit von gleichzeitigen Schriftstellern nur einer vorhanden wäre — Clemens, und daß der ganze Rest Zeugen zweiten Grades, de auditu, sind. Nehmen Sie hinzu, daß der gleichzeitige Schriftsteller keine positive, ausdrückliche Behauptung enthält, sondern daß er eine artige Anspielung enthält; und warum? Weil, so antworten meine Gegner, das Faktum so notorisch war, daß das genügte. Gemach; denn ich für mein Theil kann antworten, daß das Faktum so notorisch war, daß Petrus im Oriente gestorben war und Paulus im Occident, daß es genügte, auf ihren Tod anzuspielen, weil damals mit dem notorischen Faktum die Einen an den in Rom gestorbenen Paulus glaubten, und die Andern an den in Babylon gestorbenen Petrus glaubten. Gehen wir also gemach vor mit dem notorischen Faktum, weil es in der Weise und in dem Sinne genommen werden kann, wie ein Jeder es verstand.

Aber, meine Herren, gestatten Sie mir zu sagen, daß Sie in dem Augenblicke, wo Sie von artiger Anspielung gesprochen haben, den Geschichtsschreibern, welche Sie zu Ihrer Stütze haben citiren wollen, nicht viel Recht und Gerechtigkeit haben widerfahren lassen. Nicht aus den Anspielungen erwächst die Geschichte, sondern aus der Wahrheit. Aus den Anspielungen erwächst die Fabel, die Mythologie und, wenn Sie wollen, die Tradition. Die Wahrheit ist nackt; die Anspielungen sind ein Schleier, welcher Gebrechen verhüllt. Von der Geschichte wollen wir keine Anspielungen; und wenn es so damit steht, wozu nützen dann Ihre Documente?

Sie haben gestern viel zugestanden, indem Sie sagten, die Stelle des heiligen Clemens sei verändert worden und für die Worte: „erlauchteste Muster unserer Zeiten" sei der Ausdruck substituirt worden: „erlauchteste Muster unserer Stadt"; weil Sie in diesem Falle, wenn Sie „Stadt" für „Zeiten" substituirt haben, alles das, was vom Christenthum im Allgemeinen gesagt wird, auf Rom anwenden. Aber was sagt denn Clemens Bezügliches? — Clemens, der einzige Schriftsteller, der den Thatsachen, von denen gehandelt wird, gleichzeitig lebte, wann spricht er von Petrus? Er sagt: **Petrus, nachdem er viele Verfolgungen erduldet hatte, erlitt den Märtyrertod.** — Aber wo erlitt er Verfolgungen? Im Occident? Nein. Wir finden, daß er Verfolgungen erduldete in Jerusalem und in andern Theilen des Orients. Aber als er [Clemens] auf Paulus zu sprechen kommt, was sagt er da? Er sagt, daß derselbe, nachdem er den ganzen Occident bis zu seinen entlegensten Grenzen durchzogen hatte, im Angesichte der Lenker der Welt sein Leben ließ. Bemerken Sie wohl, in welcher Weise Rom specificirt wird. Also in dem einzigen gleichzeitigen Schriftsteller, der von diesen Thatsachen spricht, finden Sie nicht ein Wort hinsichtlich der Anwesenheit Petri in Rom, während er die Anwesenheit Pauli in dieser Stadt authentisch bestätigt.

Um die Zeit nicht zu verthun, spreche ich nicht von dem Zeugniß des Ignatius, weil Baronius und Bellarmin mir sagen, daß er kein Zeuge sei, den man vorführen könne. In Anbetracht des Papias, von dem gestern Abend so viel die Rede war, gratulire ich mir, daß auch meine Gegner die Authenticität des Textes des Eusebius, als eines nicht interpolirten, insbesondere nicht durch die Randbemerkungen des Valesius, anerkannt haben, das heißt, daß Papias sehr geringen Verstand gehabt habe; aber Sie haben hinzusetzen wollen, daß er sorgfältig gewesen sei in seinen Forschungen und in dem Aufsammeln von Fakten. Aber, meine Herren, wenn Sie mir einen Menschen von sehr geringer Einsicht geben, so geben Sie mir damit einen von Jenen, die wir leichtgläubig und abergläubisch nennen, Aufsammler von Allem; aber da wird er auch Unrath aufsammeln. Ein Mensch, der jenes Pröbchen von Genie, wie es rücksichtlich des tausendjährigen Reiches Christi hier zur Sprache kam, gegeben hatte, ein Mensch, von dem Sie selbst anerkennen, daß er in dogmatischen Dingen wenig Verstand habe, wie kann es zugehen, daß Sie ihn zu einem Adler in historischen Dingen machen wollen? Solch ein Mensch kann nichts anders sein, als ein Aufsammler von Allem dem, was ihm unter die Finger kommt.

Bemerken Sie wohl, von diesem Autor existirt eine einzige Stelle, jene nämlich, die von Eusebius mitgetheilt wird, und in welcher es heißt, — daß Markus aus dem Gedächtnisse die Dinge, welche er von Petrus gehört hatte, auf Ansuchen derjenigen dictirte, welche im Orient von seiner Lehre und seiner Beredtsamkeit waren erbaut worden. Eusebius fügt hinzu, diese Andeutungen seien von Clemens von Alexandrien gemacht und von Papias bestätigt worden; das ist ein Verstoß gegen die Logik, den man dem Eusebius zu Gute halten muß; er hätte sagen sollen, diese historischen Andeutungen seien von Papias gemacht und von dem Alexandriner bestätigt worden. Aber haben Sie wohl in Acht, daß er sagt: Markus dictirte aus dem Gedächtnisse, was er gehört hatte. Also war Markus, als er das Evangelium dictirte, nicht dort, wo Petrus war; er dictirte es, als Petrus nicht anwesend war. Also wissen wir von Petrus nur dieses, und dieses beweist nicht, daß Petrus in Rom gewesen sei. Wir wissen durch Eusebius, daß Petrus, als das Evangelium des Markus ihm überreicht wurde, davon überrascht wurde; — das eben beweist, daß es nicht unter seinem Dictat war geschrieben worden. Was beweist also Ihr Papias zu Gunsten des Petrus in Rom, wenn Sie nicht die ersten Schriftsteller de visu haben? Sie sagen: Irenäus erzählt, daß Papias ein Zuhörer des Johannes gewesen war; aber Sie haben Eusebius, welcher den Irenäus zurückschlägt und sagt, daß er kein Zuhörer des Johannes war, sondern daß er von Denen gehört hatte, welche die Apostel gehört hatten; folglich ist er ein Zeuge de auditu, und die gleichzeitige Geschichte bietet Ihnen keinen positiven Beweis dafür dar, daß Petrus in Rom gewesen sei; und da komme ich zu meiner Schlußfolgerung und sage, daß wir in den Abschätzungen eine Verwirrung, eine Verschiedenheit gehabt haben. Sie wollen, daß Petrus in Rom gewesen sei, und vor Ihnen haben viele Schriftsteller und darunter, wenn Sie wollen, sehr gute, vom vierten Jahrhundert abwärts, dieses gesagt; aber ich sage, daß Eusebius weder in seinem Werke, „Chronicon" noch in seiner „historia" Ihnen affirmativ und in ausdrücklicher Weise darthut, daß Petrus zu Rom gewesen sei.

Ich kenne die fünf Stellen, und wenn ich Ihnen antworten müßte, so würde ich sagen, daß in keiner von den fünf Stellen auch nur ein einziges affirmatives und ausdrückliches Wort von der Ankunft Petri in Rom steht. Aber das Original der „Chronicon", aus denen man specieller das fünfundzwanzigjährige Pontifikat Petri herleiten möchte, — Sie wissen, daß das nicht existirt, und daß das erste Buch der „Chronicon", welches Sie jetzt haben, des Cedrenius und des Sincellius Werk im elften Jahrhundert ist; das zweite Buch ist Scaliger's Werk; und die Uebersetzung des Hieronymus hat nichts zu bedeuten, weil Scaliger, ein hochgelehrter Mann, ihn der Unkenntniß in dem Griechischen des Eusebius hat anklagen müssen. Ich behaupte desungeachtet, daß das Original der „Chronicon" nicht mehr existirt, und daß die Arbeit des Hieronymus nichts ist als eine Paraphrase und eine Interpolation von Abschreibern; und was Eusebius als wissenschaftlichen Sammler alter Geschichten angeht, meine Herren, so halte ich fest daran (obwohl ich ihn nicht als gleichzeitigen Zeugen zulasse, weil er dem vierten Jahrhundert angehört), daß desungeachtet in seiner wirklichen „historia", in dem Kern derselben, sich nichts findet, was die Ankunft Petri in Rom positiv bestätige.

Man hat mir gesprochen von der Gründung der Kirche in Rom. Sicherlich, Petrus hat zur Gründung der Kirche in Rom beigetragen; aber er hatte Theil daran, sei es durch seine Rede am Pfingsttage, sei es vermittelst seiner Neophyten, sei es vermittelst seiner Proklamation*), durch welche er die Gläubigen im Glauben an Jesum Christum befestigte — und hiervon spreche ich wie von etwas, das, gegen Ende des ersten Jahrhunderts erschienen, in der Mitte des zweiten angenommen wurde — aber in Person ist er zu Rom nicht gewesen. Was die Kathedra des heiligen Petrus anbelangt, so habe ich gestern Abend sagen hören, Cyprianus und Irenäus sprächen von dieser Kathedra des heiligen Petrus. Aber was will der Ausdruck besagen — Kathedra Petri? Vielleicht verstehen Sie darunter ein materielles Möbel, welches im Vatican aufbewahrt wird; aber unter Kathedra Petri versteht man kein materielles Möbel; es ist derselbe heilige Hieronymus, der es ausspricht, daß unter Kathedra der Apostel die Lehre der Apostel verstanden werde; dieses ist die wahre Bedeutung; und daher kommt es, daß ich in den Vätern das eine Mal: Kathedra Petri, ein anderes Mal: Kathedra Pauli, noch andere Male: Kathedra der heiligen Apostel Petrus und Paulus finde, weil es bedeutet: Lehre der Apostel; deshalb will, wenn man sagt: die Kathedra Petri in Rom, dieses so viel besagen wie: die Lehre Petri in Rom, welche er dorthin übermittelte durch seine Neophyten und durch seine Proklamation. Aber das ist in seiner wahren Bedeutung nichts Materielles; denn auf diese Weise steht es mit einem schönen Ausdrucke Cyprian's und Augustin's in Einklang, Rom habe die Kathedra Christi.

Und nun, meine Herren, was übrigt mir noch, um zu meiner Schlußfolgerung zu kommen?

---

*) Das apokryphe κήρυγμα Πέτρου? Anmerk. des Uebers.

Man sagt uns: — Wie? Ihr Evangelischen wollt heute über eine Sache disputiren, welche sogar die alten Häretiker und die ausgezeichnetsten modernen Protestanten als thatsächliche Wahrheit annehmen. — Was die ältesten Häretiker betrifft, so bekümmere ich mich wenig darum, weil die alten Dissidenten Roms nicht einmal Gelegenheit hatten, die Ankunft Petri in Rom zu bestreiten; sie konnten sie sicherlich nicht in Abrede stellen; denn sie war noch nicht auf's Tapet gebracht und von Niemandem bekräftigt worden; und wie können Sie verlangen, daß man eine Sache in Abrede stellen solle, die nicht einmal auch nur angedeutet war?

Meine guten Gegner sagten, in den ersten beiden Jahrhunderten fänden sich nur Anspielungen. Folglich, wenn sich nur Anspielungen fanden, so fanden sich keine Behauptungen, und Niemand hatte nöthig, mit einer Anspielung sich zu befassen, um sie zu widerlegen; die Gegner und Widersacher hatten genug Anderes zu thun; sie wußten auch nicht einmal von dieser angeblichen Ankunft Petri in Rom; und da konnten sie um so weniger, weil ja noch kein Papst da war, unseren Gegnern den Vorwand geben zu der Behauptung, sie wären nach Rom gekommen, um die Päpste zu verführen und in's Netz zu locken. Aber das würde eine andere Erörterung werden; denn zu Rom begann man im dritten und vierten Jahrhundert einfach daran zu arbeiten, Primats-Ansehen über die andern Kirchen zu erlangen; und wenn wir jetzt auf die Primats-Frage eingehen sollten, so würden wir nicht wenig von unserer Frage abschweifen.

Man hat uns angesehene Protestanten entgegengestellt, welche die Ankunft Petri in Rom angenommen haben. Meine Herren, ich bin, durch die Gnade Gottes, unabhängig in meiner Ansicht und in meinem Gewissen; ich stehe zu keiner Partei. Wenn ich von meiner Bibel überzeugt bin, welche meine einzige Glaubensführerin ist, welche absolut der Annahme widerstreitet, daß Petrus nach Rom gekommen sei, dann — und wenn gegen die Bibel alle Protestanten auf der Welt und alle rationalistischen Häretiker sich lagerten — dann ergebe ich mich nicht: sie haben ihre Schule, und diese erkenne ich nicht an; und mögen Ihnen Jene auch als ganz ausgezeichnet erscheinen, ich halte es mit meinem alten Horatius:

Si fractus illabatur orbis,
Impavidum ferient ruinae!

Ich möchte nichts entschlüpfen lassen, was dieser unsrer freundschaftlichen, um nicht zu sagen brüderlichen und christlichen, Discussion nicht angemessen wäre.

Gestern Abend habe ich sagen hören, man müsse an der Ankunft des heiligen Petrus in Rom festhalten, weil auch die Maler sie verherrlicht und illustrirt haben. Meine Herren, lassen wir die Künstler bei ihrem Beruf und erfüllen wir den unsrigen, welcher sich das Ziel steckt, mitten aus den Fabeln und Allegorieen die Wahrheit herauszufinden.

Wenn ich an alle die Phantastereien und Narretheien der Künstler glauben müßte, so müßte ich glauben an die drei Magier mit den drei Farben; an die Existenz der heiligen Veronika (veron-icon) als eines wirklichen Weibes, welches Christo das Antlitz abtrocknete, und welche doch niemals existirt hat; ich müßte glauben an die Cherubim, welche bloß aus zwei Flügeln und einem Kopfe bestehen; und daß der ewige Vater ganz und gar aus einem Auge innerhalb eines Dreiecks besteht. (Gelächter.) Oh; lassen Sie doch die Artisten ihre Grillen ausführen, schleppen Sie doch die Artisten nicht in eine ernste Discussion hinein; wir haben es hier nicht mit der Empfindung, wir haben es mit der Geschichte zu thun. Legen Sie mir keine Berufung ein weder an die Römer, noch an die Katholiken; sagen Sie den Römern nicht, daß ihr Ruhm, den heiligen Petrus zu ihrem Apostel gehabt zu haben, auf dem Spiele stehe; denn sie haben ihn ja doch, auch ohne daß er in Person nach Rom gekommen ist, ebenso wie alle Christen, weil sie die ersten Lichtstrahlen des Evangeliums von seinen ursprünglichen Schülern bekommen haben oder bestärkt worden sind durch seine Proklamationen[!]. Schon darin liegt ein schöner Ruhm für die Römer, sicher sein zu können, daß sie einen Apostel zum Verkündiger des Evangeliums gehabt haben und zur Bestärkung ihrer Gemeinde; sie mögen ihr Haupt erheben; denn sie haben den größten von allen Aposteln, da sie den heiligen Apostel Paulus haben; da es ja doch nicht angebracht ist, dem Petrus einen erdichteten Ruhm zu geben, den er im Evangelium nicht hat; aber wenn wir auf den wahren evangelischen Ruhm sehen, da hat Paulus, obwohl er sich den Geringsten nennt, mehr gearbeitet als alle die übrigen

Apostel, und ist der größte Lehrer der Völker. Also größer ist der Ruhm, Paulus gehabt zu haben, nicht bloß wegen seines Briefes, sondern auch wegen seiner persönlichen Verkündigung des Evangeliums; das ist genug zur Berufung an die Römer.

Was die Berufung an die Katholiken betrifft, da sagt man: — Wie würde es mit der Kirche stehen, wenn Petrus nicht zu Rom gewesen wäre? — Wie es stehen würde? Aber Christus hat ja versprochen, er werde bei der Kirche sein bis zum Ende der Welt, nicht bei Petrus, nicht bei Paulus, sondern mit seinem Geiste; und wenn der Geist Christi da ist, so bedarf es nicht der Kirche Petri und Pauli.

Und was ihre Ueberwachung, ihre Regierung, ihre Heiligung, ihre Vervollkommnung und ihre Vollendung in jedem Werke der Heiligkeit und des ewigen Heiles betrifft, dafür ist sein aufgeschriebenes Wort da; denn — so heißt es in dem Briefe des heiligen Paulus an Timotheus (II. Br., Kap. 3, V. 16): „Alle, von Gott eingegebene, Schrift ist nützlich zur Belehrung, zur Widerlegung, zur Besserung, zur Unterweisung in der Gerechtigkeit, daß vollkommen sei der Mann Gottes, zu jedem guten Werke gerüstet."

Ich fasse mich kurz: Die Evangelischen leugnen die Ankunft Petri in Rom; sie leugnen, daß Petrus jemals nach Rom gekommen sei, und sie leugnen es, gestützt auf die einzige Geschichte, welche sagen mußte, daß der heilige Petrus in Rom gewesen wäre; und gleichwie die einzige Geschichte, welche es sagen mußte, es nicht sagt, und die unparteiische, inspirirte Schrift, welche es erzählen mußte, es nicht erzählt hat, also sagen die Evangelischen mit der Bibel, behaupten und bekräftigen — und niemals werden sie unterliegen —: Der heilige Petrus ist niemals zu Rom gewesen.

Unsere Gegner wollen unsern Beweis nicht annehmen, weil sie behaupten, er sei nicht umfassend genug, obwohl er logisch sei; und sie erheben dagegen Anspruch, ihr historischer Beweis sei wahr, welcher nicht nur nicht umfassend ist, sondern auch nicht einmal logisch. Denn er enthält gar nichts von positiver Bestätigung dafür, daß der heilige Petrus zu Rom gewesen sei. Und von ihnen selbst wird diese Geschichte bereits eine artige Anspielung genannt; und dann, um was dreht er sich? Er dreht sich um die Tradition. Man will uns Evangelische zerquetschen un=

ter dem Haufen einer unermeßlichen Masse von Zeugen, und zwar einer um mehrere Jahrhunderte späteren Zeit, indem man glaubt, uns dadurch nicht blos zu Boden geworfen, sondern vernichtet und weggefegt zu haben auf Menschengedenken. Im ersten Jahrhundert haben Sie Niemanden als Clemens: Ihre zweiten, deren wenige sind und die in der That nichts besagen, Ihre zweiten sind wie Nebel vor der Sonne; die dritten und die letzten weiter und weiter abwärts, wie man gestern sagte, bis auf Gregor den Großen, bis auf Augustinus, und immer weiter abwärts bis auf Thomas von Aquin, auf Bernard von Clairvaux, und abwärts ferner bis zum dreizehnten Jahrhundert, — der ganze Rest ist nichts als ein Volk von Affen, welches den ersten Jahrhunderten nachthut, ist nichts als ein Volk von Papageien, welches nachspricht, was die Gleichzeitigen gesagt haben, ist nichts als eine Heerde von Schafen, von denen man mit Dante sagen kann: „Wohin das Eine geht, geh'n auch die Andern."

Dies soll vergleichungsweise gesagt sein.

Meine Herren, nehmen wir es ernst: Wenn Sie das erste und zweite Jahrhundert haben, welche Ihnen die Geschichte Petri in Rom geben, dann zählen Sie die Millionen von Geschichtsschreibern nicht, welche sie Ihnen nicht anders geben können, als auf inductivem Wege. Und dann ist meine Schlußfolgerung diese: Ihre Traditionen, diese Anhäufung von Zeugnissen, und in Sonderheit die Zeugnisse, welche nach dem dritten und vierten Jahrhundert kommen, sind den Seifenblasen ähnlich, welche Kinder in die Luft schleudern. Sie sind schillernd, sie werfen das Licht der Sonne hübsch zurück, aber der Hauch eines Kindes löst sie auf. Sie sagen, die Tradition sei beachtenswerth, weil sie aus einem notorischen Faktum entspringe; aber ich habe Ihnen gesagt, daß das notorische Faktum auf andere Weise bekannt sein konnte.

Meine Herren, wenn Sie hartnäckig auf den Traditionen beharren wollen, so werde ich Sie an die Ansicht eines alten Schriftstellers erinnern, eine Ansicht, die Niemanden verletzen kann, weil wir es ja nicht sind, welche die Tradition geschaffen haben. Die Tradition, sagt dieser Schriftsteller, steht in gleicher Schätzung mit dem Lügner. Dem Lügner, auch wenn er die Wahrheit spricht, glaubt kein Mensch. Soll man einem Lügner glauben, da verlangt man Zeugnisse, welche seine Aussagen rechtfertigen: geradeso ist es mit der Tradition. Finden Sie in der Bibel einen Beweis, der das Faktum der Ankunft Petri in Rom, von der Tradition berichtet, als wahr bescheinige, und dann werden auch wir Ihnen glauben; aber nicht kraft der Tradition, wohl aber kraft der Bibel, sofern sie die Ankunft bestätigen würde. Wir Evangelische sind Anhänger der Wahrheit, weil wir Anhänger der Bibel sind; wir sind weder Häretiker noch Apostaten, wie Sie uns nennen könnten, wenn wir der Bibel nicht anhingen. So lange uns nun die Bibel beweist, nicht mit negativen Beweisen, sondern mit positiven Beweisen, daß Petrus nicht nach Rom gekommen ist; so lange wir die Reise Petri nach Rom von der Bibel nicht bezeugt finden, wie sie doch bezeugt sein würde, wenn Petrus nach Rom gekommen wäre, so lange beharren wir Evangelische bei unsrer Schlußfolgerung: Petrus ist niemals zu Rom gewesen.

Präsidium: — Das Wort hat der katholische Priester Herr Guidi.

Guidi.

Guidi: — Bevor ich beginne, unserm gelehrten Gegner zu antworten, sei mir verstattet, vorauszuschicken . . . . . (Unterbrechung.)

Präsidium: — Die Herren Vorsitzenden setzen den Redner, der eben im Begriff steht, das Wort zu ergreifen, davon in Kenntniß, daß die Gegner auf das Wort verzichten, was ihm zur Norm dienen kann.

Sciarelli: — Wir verzichten auf das Wort aus dem Grunde, weil wir glauben, daß das von Herrn Gavazzi Vorgebrachte alle die Gründe, welche unsere These beweisen können, kurz zusammengefaßt enthalte; und daß, was immer für Gründe unsere Gegner noch anführen können, diese doch nicht werden im Stande sein, jene von Herrn Gavazzi beigebrachten zu entkräften.

Fabiani: — Ich acceptire, was da gesagt wurde; mein College Guidi wird antworten, und das Publikum wird darüber Richter sein.

Guidi: — Bevor ich beginne, unserm gelehrten Gegner zu antworten, sei mir verstattet, vorauszuschicken, Niemanden möge die gelassene und ruhige, wenn Sie wollen, kalte Weise befremden, mit welcher ich auf Alles zu antworten gedenke, was gegen unsere These gesagt worden ist.

Das geschieht nicht sowohl deshalb, weil ich etwa wenig Liebe für die Wahrheit hätte, welche ich verfechte; es geschieht nur deshalb, weil bei den Fragen, wo man mit aller Sorgfalt, mit allem erdenklichen Ernste so wichtige Dinge, so bedeutsame Dinge abwägen muß, der so lebhafte, so leidenschaftliche, beinahe — gestatten Sie mir den Ausdruck — bühnenmäßige, dramatische Styl, wie ich glaube, nicht angebracht ist, den ich bei meinen Gegnern zwar schätzen kann, aber für mein Theil nicht wähle.

Ich denke also zu antworten mit der ganzen, vollen Strenge, welche mir die Gesetze der Logik und der Philosophie der Geschichte vorschreiben. Verstehen wir uns recht; nicht etwa die Logik und die Philosophie der Geschichte, welche Abstractionen, Subtilitäten, Speculationen lehrt, nach Weise Kants und Hegels könnte man sagen; [sondern] die Logik, die Philosophie der Geschichte, welche Mutter Natur in den Sinn, in das Herz, auf die Lippen des Größten unter den Gelehrten und unter den Gebildeten gelegt hat, ebensowie des unmündigen Kindes und des ungebildeten und gemeinen Mannes.

Die Gesetze der Logik lehren mich Vieles, und ich schicke mich an, es nur aufzuzählen; zunächst lehren sie mich, daß, bevor man zu einer Frage herantrete, die Art und der Werth der Argumente wohl festgestellt werden müsse, deren wir uns in der Frage selbst bedienen müssen.

Unsere Gegner haben uns immer wiederholt, wiederholen es tausend und tausend Male, daß ihr einziger Beweis die Schrift ist. Nun sei mir zu bemerken erlaubt, daß in dieser Prätension unserer Gegner eine Zweideutigkeit vorgekommen ist, und zwar eine Zweideutigkeit, welche von der Logik absolut unterschieden zu werden verdient. Die Zweideutigkeit besteht darin, daß die Schrift auf dieselbe Weise in einer rein historischen Frage zur Verwendung kommt, wie sie in einer dogmatischen Frage würde zur Verwendung kommen. Ob die Schrift einzige Beweisquelle für die Dogmen, für das sei, was von einem Christen geglaubt werden muß, auf diese Frage gehe ich nicht ein; sie ist diejenige, welche uns Katholiken von den Protestanten scheidet.

Wir nehmen, außer der Schrift, die göttlichen Traditionen

an, wir nehmen das Lehramt der Kirche an; und die Protestanten nehmen es nicht an, wollen es nicht; und wir lassen uns nicht darauf ein, zu beweisen, wer von uns Recht habe. Aber eine durchaus verschiedene Frage ist die gegenwärtige Frage; sie ist eine geschichtliche Frage. Wenn nun die Schrift genommen wird, um eine historische Frage zu entscheiden, dann ist das Verfahren, sich in der Schrift zu verschanzen, ebensoviel, wie in einem einzigen Augenblicke jedes andere Argument ableugnen, welches von der Geschichte, von der Kritik und von allen jenen Denkmälern, aus denen die Menschen die Thatsachen lernen, uns zugeführt werden könnte;*) die Thatsachen, welche, wie von meinem Collegen gestern Abend vortrefflich bemerkt wurde, wohl einen dogmatischen Grund in sich schließen können, aber darum ihre Natur, ihre Wesenheit als Thatsachen und rein historische Thatsachen nicht verlieren.

Die Thatsachen müssen also nicht einzig und allein aus der Schrift bewiesen werden; sondern sie können auch aus allen jenen Argumenten bewiesen werden, welche von allen Menschen zu allen Zeiten, nach dem gemeinen Menschenverstande, herbeigerufen wurden, um zu bezeugen, daß eine Thatsache sich ereignet oder nicht ereignet habe. Also, ich wiederhole, das Verfahren, sich in der Schrift allein zu verschanzen, um ein historisches Faktum zu entscheiden, das, man gestatte mir den Ausdruck, ist Fanatismus, ist Aberglaube, ist Ignoranz (Bewegung), ist Ableugnung alles dessen, was, außer den heiligen Schriften, wir das Recht haben — und Niemand stellt uns dieses in Abrede — aus allen den andern Fakten zu lernen, welche in der Wissenschaft und in der natürlichen Kritik enthalten sind. Diese Unterscheidung, meine Herren, welche logisch und, ich kann sagen, auch historisch ist, steht auf dem thatsächlichen Boden unserer Frage; denn, bemerken Sie wohl, wenn unsere Frage nicht rein historisch wäre, sondern innerhalb des Dogma's sich befände, und wenn wir in einer rein historischen Frage uns einzig und allein an der Schrift müßten genügen lassen, dann würden alle Diejenigen, welche unserem Dogma nicht beipflichten, unserer Geschichte nicht beipflichten dürfen.

Aber ganz das Gegentheil ist der Fall. In der That, wir

---

*) In beiden Ausgaben findet sich hier ein Punkt.
                                          Anmerkung des Uebersetzers.

haben in der Frage, meine Herren, welche uns diese beiden Abende beschäftigt, drei Ansichten: Die eine, welche von den Katholiken allgemein angenommen wird, daß der heilige Petrus nicht bloß nach Rom gekommen ist, nicht blos in Rom gestorben ist, sondern daß die Dauer seines Aufenthaltes zu Rom eine fünfundzwanzig= jährige, oder ungefähr von dieser Ausdehnung gewesen ist. Und bei dieser Gelegenheit dürfte es nicht unnütz sein, daran zu er= innern, daß, wenn einer meiner Kollegen gestern Abend sagte, für unsere These genüge eine Stunde, genüge ein Tag, welchen Petrus in Rom zugebracht hätte, daß gar nicht gemeint ist, man könne daraus folgern, daß wir also zugäben, Petrus sei keine fünfundzwanzig Jahre hindurch zu Rom gewesen. Die Sache liegt ganz anders! Wir sind zugeständnißweise verfahren und haben uns auf das bloße Aufrechthalten unsrer These beschränkt; und ich wiederhole es, wie es mein Collège wiederholte: um unsere These aufrecht zu erhalten, daß Petrus in Rom gewesen sei, genügt ein Tag, genügt eine Stunde. (Bewegung.) Die zweite Ansicht ist die jener Protestanten, welche gemäßigte (moderati) genannt werden, welche daran festhalten, der heilige Petrus sei zum allerwenigsten in den letzten Jahren seines Lebens nach Rom gekommen und daselbst gestorben. Und damit Sie nicht glauben, daß ich ungewisse und zweifelhafte Meinungen vorbringe, daß ich selbst mich zum Bür= gen meines eignen Ausspruches mache, so wollen Sie mir gestat= ten, daß ich Ihnen ein paar kurze Worte eines protestantischen Autors vorlese. Wir haben ein Dokument neuesten Datums, das biblische Lexikon, gedruckt bei Bouttel, herausgegeben und veröffentlicht im Jahre 1871; in diesem Buche, unter dem Artikel über den heiligen Petrus, heißt es: „Der heilige Petrus besuchte niemals Rom vor dem letzten Jahre seines Lebens, und zu dieser Zeit nahm er einen thätigen und wichtigen Antheil in der Unterstützung des heiligen Paulus an der Vervollständigung der Gestaltung der römischen Kirche. Das sind Punkte, welche, obwohl sie bestritten werden können, als sicher festgestellte be= trachtet werden müssen, und auch das ist positiv gewiß, daß die Verkündigung seines Herrn abgeschlossen wurde zu Rom in dem Märtyrertode des heiligen Petrus, zu derselben Zeit oder um jene Zeit, in welcher der heilige Paulus Märtyrer wurde." Neben Bouttel könnte ich Pearson, Geiseler und Cave nennen, aber es liegt mir daran, insbesondere den hochgelehrten Ernst von Bunsen zu nennen, welcher am fünften Juni des verflossenen Jahres einen Brief an die Times schrieb, in welchem er die Ankunft des heiligen Petrus zu Rom im Jahre 42 anerkannte und sich besonders auf die historia ecclesiastica des Eusebius stützt, wo Eusebius sagt, unter der Regierung des Claudius, nach der armenischen Uebersetzung, im zweiten Jahre seiner Regierung, das heißt, im Jahre 42 der christlichen Zeitrechnung, habe Philo mit dem heiligen Petrus in Rom ein vertrauliches Zusammenleben gehabt, während der heilige Petrus das Evangelium predigte.

Es ist also ein Faktum, daß unter den Protestanten selbst, ja, man kann sagen, fast allgemein von den gemäßigten Protestanten die Ankunft und der Tod des heiligen Petrus in Rom, oder wenigstens die Ankunft [desselben] auf einige Zeit, festgehalten wird. Nun bleiben als solche, welche diese Ankunft und diesen Tod Petri in Rom leugnen, nur die übertriebenen (esagerati) Protestanten übrig, jene, welche sich mit den Rationalisten berühren, jene, welche, wenn sie unsere Traditionen und das Lehramt unserer Kirche leugnen, gleicherweise die Bibel leugnen. (Bewegung.) Ich sage das gar nicht, um unsere Gegner in eine Kategorie mit den Rationalisten zu stellen. Ei! das keineswegs; ich will keine Anspielung machen; ich will Niemandem, wer es auch sei, irgend welchen Schimpf anthun; und vielmehr, sowie ich unsern Gegnern für die Höflichkeit danken muß, deren sie sich bei dieser Disputation gegen uns haben befleißigen wollen, so wird es auch mir hinwiederum gar nicht schwer, zu gestehen, daß, wenn ich ihre Meinungen auch nicht achten und schätzen kann, ich dennoch ihre Persönlichkeiten sehr achte und schätze; ja, es wird mir nicht schwer, klar und deutlich zu versichern, daß ich sie liebe, und sie liebe mit jener Liebe, welche nicht aus dem Fleische und Blute stammt, sondern mit jener Liebe, mit der wir, wie Jesus Christus uns befiehlt, alle Menschen insgesammt lieben sollen, wären sie auch unsere Feinde.

Ich habe die verschiedenen Ansichten der Protestanten vorgebracht, einzig deshalb, um zu zeigen, nicht bloß logisch sei, sondern auf dem thatsächlichen Boden der heutigen Wissenschaft stehe die Unterscheidung zwischen der Schrift als Dogmenquelle und der Schrift als Quelle historischer Notizen. Die Schrift als Quelle historischer Notizen muß ergänzt werden, muß in Verbindung gebracht werden mit allen den andern Hülfsmitteln, welche wir in der natürlichen Ordnung anwenden, um die Thatsachen kennen zu lernen.

Der Glaube, meine Herren, das wissen Alle, zerstört die Wissenschaft nicht, der Glaube zerstört die Kritik nicht, weil die Gnade die Natur nicht zerstört, sondern sie ergänzt, sie erhebt, sie erhöht.

Nach dieser Bemerkung über die Logik, von welcher wir in unserer Frage Gebrauch machen müssen, bemerke ich an zweiter Stelle — und die Logik lehrt es uns —, daß man bei jeder Frage, vor allem Anderen, alles das entfernen, wegräumen muß, was nicht zu der Frage selbst gehört. Daher müssen wir an erster Stelle alles das wegräumen, was bisweilen aus dem Munde unserer Gegner gekommen ist betreffs unseres Glaubens, insbesondere betreffs der Gelehrigkeit der Katholiken, insbesondere betreffs derjenigen, welche man unsere Leichtgläubigkeit nannte. Wir müssen alles das wegräumen, was bei Gelegenheit des von Clemens genannten, arabischen Phönix gesagt wurde, welcher nichts zu schaffen hatte mit der päpstlichen Unfehlbarkeit, wie auch ein unmündiges Kind unter den Katholiken wissen würde; und er hat noch viel weniger als nichts, um es so auszudrücken, mit der Frage über die Ankunft des heiligen Petrus in Rom zu schaffen. An zweiter Stelle lehrt uns die Logik, die Nebenfragen an ihrem Platze zu halten, wie uns bei jeder Frage die leichteste, die elementarste Logik stets gelehrt hat, daß man die Substanz des Faktums feststellen müsse, indem man dieselbe von den übrigen Umständen trenne.

Was alle die andern Umstände betrifft, so beansprucht man nicht nur nicht jene Einstimmigkeit, welche für die Substanz des Faktums gefordert wird; sondern man hat vielmehr stets geglaubt, daß die Mannigfaltigkeit, die Verschiedenheit, welche unter den mannigfachen Erzählern vorhanden sein kann, die Substanz des Faktums selbst nicht schwäche, nicht entkräfte, sondern verstärke, stets besser feststelle; insofern die Mannigfaltigkeit in den Nebenumständen darthut, daß die Schriftsteller, der Eine aus dem Andern, nicht abgeschrieben haben, sondern geschrieben haben, ein Jeder nach Gewissen, nach Ueberzeugung, ganz nach ihrem eigenen Willen; auch vielmehr darthut, daß jene Schriftsteller aus verschiedenen Quellen geschöpft haben. In Folge davon ist, je größer die Mannigfaltigkeit in den Nebenumständen der Frage ist, um so größer die Gewißheit, daß viele und viele Quellen existirten, aus denen man die Gewißheit des Faktums selbst haben konnte. In die Kategorie der Nebensachen stelle ich absolut sowohl die chronologische Frage, wie die Frage nach Babylon. Es thut mir leid, das wiederholen zu müssen, was von meinem Kollegen gesagt worden ist; es thut mir leid, einige Argumente anführen zu müssen, hinsichtlich deren man das Wort wiederholen könnte: — Das sind die gewohnten Dinge, welche von den Katholiken vorgebracht werden. — Aber was wünschen Sie? Die Wahrheit hat kein Datum; die Wahrheit ist weder für gestern, noch für heute, noch für morgen; die Wahrheit, welche Christus selbst ist, — die Wahrheit ist ewig, und gestern und heute und für alle Jahrhunderte.

Nun, wenn es denn nöthig ist, alle Tage, jede Stunde, jeden Augenblick, wenn Sie wollen, dieselbe Wahrheit zu wiederholen: da werden wir nicht so thöricht sein, aufzuhören, diese Wahrheit zu wiederholen, bloß um eine Mannigfaltigkeit in dem, was gesagt wird, zu erzielen; man stellt uns dieselben Irrthümer entgegen, dieselben Schwierigkeiten, — wir wiederholen dieselben Wahrheiten.

Was die Chronologie betrifft, so haben wir von Anfang an folgendes Kriterium festgestellt: In der Frage, die uns beschäftigt, ist die Substanz des Faktums die, daß Petrus zu Rom gewesen sei. Mit diesem Faktum ist eine überaus große Schwierigkeit in chronologischer Hinsicht verknüpft, betreffs des Zeitpunktes, wann es sich ereignet habe. Diese Schwierigkeit darf Niemanden Wunder nehmen, weil sie gleicherweise durch die Katholiken, wie durch die Protestanten und die Rationalisten bestätigt wird; weil die tausend und tausend Meinungen, so zu sagen, hinsichtlich dieser chronologischen Schwierigkeit existiren.

Nun hat sich niemals Jemand träumen lassen, daß die Verschiedenheit in der Schätzung der Chronologie eines Faktums ein Argument ausmachen könne, um dieses Faktum selbst zu leugnen, wenn dasselbe unabhängig von der Chronologie versichert worden ist. Man sagt uns, die Chronologie schließe die Ankunft des heiligen Petrus in Rom aus; aber welche Chronologie? Diejenige, welche der Eine oder der Andere erfinden könnte, diejenige, welche der Eine oder der Andere unterschieben könnte; und wir, mit demselben Rechte, werden andere und andere Chronologieen entgegenstellen können, in welche sich die Ankunft des heiligen Petrus in Rom auf's Beste einfügt. Um also zu entscheiden, welches die wahre Chronologie sei, lehrt die Logik vom Bekannten zum Unbekannten zu gehen, von dem mehr Sicheren zu dem weniger Sicheren; sie lehrt dem zu folgen, was wirklich versichert ist.

Das nun, was versichert ist, ist das Faktum der Ankunft des heiligen Petrus zu Rom; das, was unsicher ist, ist die Chronologie. Hoffen wir, sie zu finden — diese Chronologie, stets vergewissert, daß das Kriterium, um die Wahrheit derselben zu beurtheilen, die Ankunft des h. Petrus in Rom sein wird. Und eben unser Gegner hat nicht leugnen können, in dieser chronologischen Frage, daß wir uns mit mehr oder weniger annähernden Daten begnügen müssen; er selbst hat seine Zuflucht zu andern Daten genommen, die nicht jene der Bibel sind, zu Daten, entnommen aus der römischen Geschichte. Dies deute ich im Vorbeigehen an, um zu bestätigen, daß auch unsern Gegnern zufolge, wenn es sich um historische Fakten handelt, man nicht nöthig hat, einzig bei dem Argument, einzig bei dem Wort der Schrift zu bleiben. (Bewegung.)

Er hat die Chronologie der Ankunft des heiligen Petrus in Rom (welche, wie man sagt, von den Katholiken vorausgesetzt wird) mit der Chronologie der Ankunft des heiligen Paulus in Vergleich stellen wollen, und hat festzustellen gesucht, daß sich doch in jener Chronologie ein Fundament finde, um mit Sicherheit die Ankunft des heiligen Paulus in Rom zu beweisen.

Meine Herren, bei diesem Punkte werden Sie mir gestatten, daß ich ein wenig auf das zurückkomme, was ich so eben sagte hinsichtlich des logischen Werthes der Schrift-Beweise, wo es sich um bloße historische Fakta handelt; und ich komme darauf zurück, um Sie aufmerksam zu machen, daß, wenn wir einzig aus den heiligen Schriften die Ankunft des heiligen Petrus in Rom entscheiden oder leugnen müßten, daß wir dann einzig aus den heiligen Schriften so und so viel andere Fakten leugnen müßten.

Zum Beispiel: Niemand kann leugnen, daß in der Schrift von Augustus die Rede ist; Niemand kann leugnen, daß in der Schrift sein Tod vorausgesetzt wird, weil von seinen Nachfolgern die Rede ist; aber wo steht in der Schrift geschrieben, daß Augustus zu Nola gestorben ist? Müßten wir also aus diesem

Grunde sagen, daß die Ankunft des Augustus in Nola falsch ist? Und ich könnte sagen: Auch in der Schrift wird nicht gesagt, wo Paulus gestorben ist; es wird nicht gesagt, weder wo, noch wann. Werden wir nun den Tod des Paulus in Rom leugnen können, weil die Schrift darüber schweigt? — Sicherlich würde Niemand dieses Argument annehmen wollen! In der Chronologie, so wird uns gesagt, kann man, und zwar mit einiger Sicherheit, die Ankunft des heiligen Paulus in Rom feststellen durch das Datum über Portius Festus in Cäsarea. Nun gut; trotz aller dieser Wahrscheinlichkeit für die Feststellung der Ankunft dieser Persönlichkeit, herrscht unter den Gelehrten die größte Verschiedenheit hinsichtlich der Chronologie, welche die Ankunft Pauli in Rom betrifft. Niemand wird leugnen können, sage ich, Niemand, der einige Kenntniß von den kritischen Studien hat, wie sie in unsern Zeiten sind vervollkommnet worden, daß die Ansichten der Chronologen über die Ankunft des heiligen Paulus in Rom um nicht weniger als zehn Jahre und noch mehr auseinandergehen.

Nach diesem frage ich nun: Haben die chronologischen Schwierigkeiten der Ankunft Pauli in Rom jemals den Verdacht erregt, daß Paulus nicht nach Rom gekommen und nicht daselbst gestorben sei? Nein, wahrhaftig nicht.

Die chronologischen Schwierigkeiten der Ankunft Petri in Rom, mit welchem Rechte werden dann diese den Verdacht erregen können, daß der heilige Petrus nicht nach Rom gekommen sei, nicht daselbst gestorben sei? Ich wiederhole, die chronologische Frage ist also nicht die unsrige; wir können auf alle die Schwierigkeiten insgesammt, welche man von dieser Seite herbeibringen kann, immerzu antworten: Ein Faktum hängt nicht ab von seiner Chronologie.

Und wofern das wahr ist für ein Faktum beliebiger Art, erzählt in einer beliebigen Geschichte, kundgemacht von einem beliebigen Autor, ei! meine Herren, so bewährt es sich vor allen Dingen da, wo es sich handelt um Fakten, von denen man voraussetzt, sie müßten nothwendigerweise in der Bibel registrirt sein, weil uns die Bibel die Daten nicht giebt und sich, um es so auszudrücken, nicht darum kümmert, uns dieselben zu geben.

Ja, ich behaupte noch mehr: In der Apostelgeschichte selbst sind die Gelehrten darüber im Zweifel, ob die ersten Kapitel derselben in chronologischer Reihenfolge geordnet worden seien.

In den Briefen selbst, die von den Aposteln geschrieben wurden, fehlen die Daten, an denen sie geschrieben worden sind, und während wir eine so große Genauigkeit bei den heidnischen Schriftstellern im Beisetzen der Daten antreffen, unter denen sie ihre Briefe schrieben, sehen wir sie entweder von den Aposteln selbst, welche schrieben, nicht angegeben, oder von den Christen, welche sie empfingen, nicht aufbewahrt.

Alles dieses beweist, daß, wenn es in jeder beliebigen andern Geschichte nichtig ist, die Wirklichkeit eines Faktum von dessen Chronologie abhangen zu lassen, es über jeden Ausdruck da nichtig ist, wo es sich um Fakten handelt, von denen man voraussetzt, sie müßten in der Bibel registrirt sein.

An zweiter Stelle, glaube ich, müsse man unter den Fragen zweiten Ranges und um welche wir uns in Folge dessen betreffs der Substanz unseres Faktums nicht zu kümmern brauchen, alles das aufzählen, was über Babylon gesagt worden ist. Meine Herren, bei dieser Gelegenheit muß ich zunächst eine Zweideutigkeit feststellen, welche von unsern Gegnern aufgegriffen worden ist. Jenes, was gestern Abend hinsichtlich der Meinungen, welche „Babylon" für „Rom" erklären, und hinsichtlich der Argumente, welche diese These aufrechthalten könnten, gesagt wurde, ist aufgegriffen worden, ist angesehen worden, als wäre es unsere Ansicht, oder unsere Meinung, und als eine derartige Ansicht oder eine derartige Meinung unsererseits, daß von ihrer Wahrheit oder Unwahrheit die Wahrheit oder Unwahrheit unserer These abhängig wäre.

Ich komme ein zweites Mal auf die Logik zurück: Wir haben der Autorität des Michaelis, welche angeführt wurde, um zu beweisen, daß unter jenem Babylon Rom nicht verstanden werden könnte, wir haben ihr entgegengestellt eine Autorität eines Schriftstellers, der viel jünger, viel gelehrter ist als Michaelis, welcher [jüngere Schriftsteller] behauptet, daß unter diesem Babylon sehr wohl Rom verstanden werden könne. Indem wir für diese Meinung die Argumente vorführten, haben wir nichts über dieselben festgestellt, wir haben sie dargelegt und haben gesagt, daß es zum allerwenigsten genüge, eine Wahrscheinlichkeit zu haben und, wenn Sie auch das sagen wollen, eine Möglichkeit zu haben für diese Meinung. Nun würde weiter nichts von Nöthen sein, weil wir, ich wiederhole es, nach der Logik die

Ankunft des heiligen Petrus in Rom von der Frage des von Babylon aus geschriebenen Briefes nicht abhängig machen dürfen; weil es schon dargethan ist und überflüssig ist zu wiederholen, daß auch in dem Falle, daß Petrus jenen Brief von Babylon aus geschrieben hätte, dennoch Petrus ganz gut nach Rom gekommen sein könnte. Folglich, indem wir absehen von jeder Frage, welche hinsichtlich der Bedeutung jenes Ausdrucks „Babylon" erneut werden könnte, ist es unmöglich zu beweisen, daß der heilige Petrus darum nicht nach Rom gekommen sein könnte.

An dritter Stelle, unter den Dingen, welche nach der historischen Logik von secundärer Bedeutung sind, und welche in Folge dessen als substantielle Schwierigkeiten gegen unsere These nicht eintreten sollten, befindet sich die Verschiedenheit der Mission Petri und Pauli. Mir scheint, daß man hier mehr mit Worten spiele, als mit Argumenten.

Meine Herren, wer kann leugnen, daß der heilige Petrus zugleich mit der speciellen Beschützung — nennen Sie es, wie Sie wollen — auch die Mission für die ganze Welt insgesammt habe? Das zu beweisen, halte ich für unnütz; schon allein die Worte, welche Petrus sprach, als er sich zum ersten Mal vor seinen versammelten Brüdern befand, zeigen zu klar die Erhabenheit seiner Mission, welche sich nicht beschränkte auf die Orte, wo die Hebräer waren, sondern sich ausdehnte und keine anderen Grenzen fand, als die der Erde. Und nun gleicherweise, wer kann leugnen, daß Paulus zugleich mit der speciellen Mission, welche er den Heiden gegenüber hatte, auch den Hebräern predigen konnte, predigen mußte? Aber bestätigt nicht Paulus selbst, daß er das Wort verkündigen und die Gnade Gottes bringen mußte, fürwahr, allen Völkern, aber ohne die Hebräer auszuschließen? Iudaeo primum et Graeco.

Ei! Also diese Mission, diese Unterscheidung von Verleihungen, konnte in keiner Weise weder die Mission, welche Petrus hatte für alle Gläubigen insgesammt, noch die Mission, welche Paulus hatte, die Wahrheit auch den Hebräern zu offenbaren, ausschließen; sie konnte in keiner Weise die Mission ausschließen, welche Petrus von Christo hatte, in der Wahrheit die ganze Welt insgesammt zu unterweisen. Also im heiligen Petrus müssen wir zwei Missionen unterscheiden, die eine besondere, specielle, welche sich auf die Hebräer bezog, die andere, universale, welche sich auf die ganze Kirche insgesammt bezog. Dieses war die Mission, welche aus den Worten entsprang, die man im Evangelium liest, und die keiner unter den Protestanten und den Rationalisten hat daraus wegradiren können, — aus den Worten, mit denen von Christo erklärt wird, daß Petrus der Fels ist, auf welchen Er seine Kirche bauen wird, und daß die Pforten der Hölle sie nicht überwältigen werden.

Sciarelli. — Zur These, zur These! er ist vom Gegenstande abgewichen. (Bewegung.)

Präsident Adv. de Dominicis. — Ich ersuche die Zuhörerschaft, zu schweigen und den Redner in seiner Erörterung fortfahren zu lassen.

Guidi. — Es sei mir gestattet zu erklären, daß ich durch Anführung dieser Stelle von der These nicht abgewichen bin, weil diese Worte die universale Mission Petri beweisen sollten . . .

(Beifallsbezeugungen auf der Rechten.)

Ribetti. — Die universale Mission geben auch wir zu.

Guidi . . . . und in Folge davon beweisen sollten, daß der heilige Petrus nach Rom kommen konnte, kommen mußte, wenn nicht wegen seiner besonderen Mission den Hebräern gegenüber, dann wenigstens wegen der universalen Mission, welche er der ganzen Welt insgesammt gegenüber hatte.

Piggott, Vorsitzender. — Da die universale Mission angenommen wird, so halte ich es für unnöthig, auf diesen Gegenstand einzugehen.

Guidi. — Gerade aus diesem Grunde behaupte ich, daß diese Frage unter die secundären der These müßte gestellt werden. Ich glaube nun, daß gestern Abend hinlänglich gezeigt worden ist, daß in Rom nicht nur die Menge, sondern auch die Bedeutung der Hebräer so groß war, daß dieselbe den heiligen Petrus wohl hierher rufen mußte, auch wegen der speciellen Mission, die er den Hebräern gegenüber hatte. Als Cicero sagte, er müsse leise sprechen wegen der Hebräer, da spielte er nicht etwa auf ihre anderen Eigenschaften an, er spielte nur an auf ihre Menge. Folglich geht aus jener Stelle in Wahrheit die Verbreitung der Hebräer in Rom hervor, welche noch aus so vielem Anderem hervorgeht, was, wie Sie schon gehört haben, ihre Bedeutung zu jener Zeit in Rom darthut.

Also, ich wiederhole es, diese Verschiedenheit der Mission

zwischen Paulus und Petrus, kann nicht, noch muß sie in irgend einer Weise die Ankunft Petri in Rom abschwächen, hinfällig machen; sie ist also einer von den secundären Umständen, welche nicht mitgezählt werden, wenn es sich um die Substanz des Faktums handelt.

Die Logik lehrt mich, daß ich, wenn es sich handelt um die Wahrheit eines Faktums, vor Allem die Wichtigkeit in Anschlag bringen muß. Meine Herren, man hat gesagt, wir hätten keine gleichzeitige, ausführliche Zeugnisse, welche die Ankunft des heiligen Petrus in Rom bekräftigten.

Gut, wäre das auch der Fall, müßte ich auch zugestehen, daß Keiner von den gleichzeitigen Zeugen uns Bericht erstatten kann über die Ankunft des heiligen Petrus in Rom, so frage ich unsere Gegner: Was würde aus der gesammten Geschichte der Menschheit werden, wenn wir dieses Kriterium anwenden wollten? Leugnet man alles das, was nicht ausführlich bezeugt ist von gleichzeitigen Zeugen?

Oh! der große, der unermeßliche Theil der Geschichte, der dann in der That verschwinden würde! Das würde ein Werk der Vernichtung des gesammten Schatzes menschlicher Kenntnisse sein, die wir mit Sicherheit besitzen, obwohl wir keine gleichzeitige historische Documente haben.

Aber unterdessen ist das Faktum, die Wahrheit diese, daß, wo einem großen, gewichtigen, universalen Faktum nur dadurch Begründung gegeben werden kann, daß man die Wahrheit eines andern Faktums bestätigt, daß da ebenso bekannt, ebenso lebendig, ebenso stets gegenwärtig und gleichzeitig das Zeugniß jenes Ursache-Faktums ist, wie lebendig, gegenwärtig und gleichzeitig die Wahrheit des Wirkung-Faktums ist. Gestatten Sie, daß ich Sie darauf aufmerksam mache, daß, wo wir von langen Reihen von Zeugen, von Schriftstellern, von Kirchenvätern sprechen, welche die Ankunft des heiligen Petrus zu Rom bestätigen; wo wir von dieser langen Reihe sprechen — daß wir sie da nicht, eins zu eins, zusammenrechnen, als könnte man, einen getrennt vom andern, die verschiedenen Zeugen aufzählen, welche in der Bestätigung eines Faktums übereinkommen; es ist ihre Gesammtheit, ihre Vereinigung, in welcher sie gerechnet werden müssen; aber ich nenne nicht etwa die Gesammtheit und die Vereinigung der Zeugen, der Väter, der Geschichtsschreiber, welche wir für uns haben; ich nenne nicht allein dieses, sondern ich nenne die Gesammtheit dieser Zeugen nebst allen den Fakten, welche die römische Kirche betreffen, ihre innere Verwaltung, ihre äußeren Beziehungen, sei es mit den Häretikern, sei es mit den Gläubigen, sei es mit den Andächtigen, sei es mit der Civilgewalt; alle Beziehungen insgesammt, um mit einem Worte es zu bezeichnen, das Leben dieser Kirche war an diese eine Bedingung geknüpft, daß der heilige Petrus in Rom gewesen war.

Und dann erlaube ich mir die Aufmerksamkeit Aller insgesammt auf folgendes Kriterium zu lenken: Man kann unsern Beweis für die Ankunft des heiligen Petrus zu Rom in Abgesondertheit von diesem oder jenem Zeugniß nicht taxiren; als wir gesagt haben, daß die ersten Väter und Schriftsteller Anspielungen auf dieses große Faktum haben, da haben wir damit zu sagen beabsichtigt, daß es ein Faktum ist, sicher, groß, allgemein angenommen von Jenen, die zu jener Zeit lebten, in welcher es bestätigt worden ist; und dieses Faktum bedurfte nicht, daß jeden Augenblick daran erinnert wurde, besonders weil es allgemein angenommen war. Man kann es mit andern historischen Fakten nicht gleichstellen. Verstehen wir uns recht; um eine Gleichstellung zu folgern, müßten sich andere historische Fakta von derselben Wichtigkeit, von derselben Universalität, von derselben Wirksamkeit, von demselben Leben finden wie dieses Faktum der Ankunft und des Todes des heiligen Petrus in Rom; dann wird man Parallelen ziehen können, dann wird man Vergleichungen anstellen können; aber wo sich das nicht zeigt, da geht es nicht an, jedes beliebige andere Faktum neben dieses zu stellen, welches wir ein feierliches, dauerndes, notorisches und universales nennen.

Indem ich nun unserem Beweise näher komme, glaube ich, man könne ihn mit folgenden Worten zusammenfassen: Meine Herren, das Faktum der katholischen Kirche, oder wenn Sie wollen, daß ich es sage, das Faktum der römischen Kirche ist ein universales Faktum, ist ein unleugbares, unwiderlegliches Faktum, ist ein so großes Faktum, daß man es in Wahrheit gigantisch und kolossal nennen kann; und ist so wahr, daß die alleinige Größe dieses Faktums den Ringkampf erklären kann, den diese Kirche von Rom gegen die protestantische Trennung hat aushalten müssen. Nun sage ich: Dieses so feierliche, so großartige Faktum der römischen Kirche ist erklärt worden von ihren Lehrern, ist festgehalten worden gegen die Häretiker und Schismatiker, ist immer festgehalten und erklärt worden, fünfzehn Jahrhunderte lang, durch die Ankunft des heiligen Petrus in Rom; ohne daß jemals Jemand, sei es von den Häretikern, sei es von den Schismatikern, sich erhoben hätte, es zu leugnen. Es geht nicht an, zu sagen, daß die Häretiker und Schismatiker sich nicht darum gekümmert hätten, dieses Faktum zu leugnen, weil die Kirchenväter nicht darauf anspielten. Im Gegentheil, meine Herren! Allemal, wenn die Wahrheit der römischen Kirche und ihres Glaubens gegen die Häretiker und Schismatiker sollte aufrecht gehalten werden, ist man von diesem Punkte ausgegangen: Der heilige Petrus ist nach Rom gekommen, die römische Kirche ist die Lehre des heiligen Petrus; und da die Lehre des heiligen Petrus das Fundament der Kirche ist, so kommet zu dieser Kirche, um die Wahrheit zu lernen. Man argumentirte stets und inständig auf diese Weise: Irenäus und Tertullian und so viele Andere, aber besonders Irenäus, in so fern liegender Zeit, hatte kein handlicheres und wirksameres Argument gegen die Häretiker, als sie zur Messung und Vergleichung mit dem Glauben Roms aufzufordern; und warum? Weil zu Rom Petrus mit seiner Predigt befestigt hat und mit seinem Tode besiegelt hat: den wahren Glauben Jesu Christi.

Also haben wir dieses große, unleugbare Faktum, dieses große Faktum der römischen Kirche, welches in Beziehung steht zu der gesammten Welt, welches in Beziehung steht zu jedem socialen Verhältniß; dieses große Faktum ist einzig gegründet auf der Ankunft, der Predigt, dem Martyrium und dem Tode des heiligen Petrus in Rom.

Dieses Faktum der römischen Kirche hat für sich die Evidenz. Es ist unnütz, — es ist unnütz, auf andern Wegen Ausflüchte zu machen, andere Argumente zu suchen, Schwierigkeiten von andrer Seite zu erheben. Dieses Faktum, welches gleichzeitig und gegenwärtig, — ich möchte sagen handgreiflich für Jeden von uns ist, — dieses Faktum ist ein Absurdum, eine Contradiction, eine Narrheit, wenn Sie nicht als sein Fundament die Ankunft, die Predigt und den Tod des heiligen Petrus in Rom annehmen.

Wenn also die Ankunft des heiligen Petrus in Rom vergewissert worden ist, welchen Werth haben da die Argumente, welche diese Ankunft beweisen? Sie ist bezeugt worden, sowie bezeugt worden ist und bezeugt wird die Existenz der römischen Kirche; sie ist deren Vertheidigung gegen die Häretiker und Schismatiker; sie ist bezeugt worden und ist gewiß, sowie gewiß ist die Existenz dieser römischen Kirche. Aber dieses Faktum ist gleichzeitig, dieses Faktum ist gegenwärtig, dieses Faktum ist immer lebendig. Folglich ist, trotz ihres Alters, immer lebendig, immer gleichzeitig und immer gegenwärtig die Behauptung der Ankunft des heiligen Petrus in Rom. Ich sage dies nicht etwa, um die gleichzeitigen Zeugen aufzugeben, welche Sie uns zugestanden haben, zum wenigsten Einen — eben unser Gegner selbst —, und denen [!] ich den Ignatius sowohl wie den Papias hinzufügen könnte; von dem letzteren wird man am Ende sagen können: er hatte geringe Einsicht; aber, um das so im Vorübergehen zu sagen, Niemand wird mir beweisen, daß er, weil er ein Mann von geringer Einsicht war, nicht hätte ein Faktum bezeugen können, welches von Allen gesehen werden konnte. Und dann, man darf diese geringe Einsicht des Papias nicht dahin verstehen, daß er in Wahrheit ein Blödsinniger, ein Tölpel gewesen wäre; denn — im Gegentheil! — wir halten von Papias, was Eusebius selbst, Buch III, Kap. 36*) bestätigt, daß er ein recht gelehrter Mann und in den heiligen Schriften sehr bewandert war. Wir wissen über denselben Papias, daß der heilige Hieronymus, in dem Briefe 71 ad Lucinium, Paragr. 28 (liest den lateinischen Text) sich entschuldigte, er könne die Bücher des Papias und des Polykarpus nicht übersetzen, weil er dafür hielt, er habe nicht Muße genug, noch besitze er die Fähigkeiten, um diese Bücher mit derselben Anmuth und Vollendung, womit sie geschrieben wären, in eine andere Sprache zu übersetzen. War er also ein Tölpel? Folglich beweist auch dieses Zeugniß hinsichtlich des Papias, daß er wohl Mannes genug war, um Zeugniß ablegen zu können, besonders für ein Faktum, welches im Uebrigen ohne irgend welche Wissenschaft, ohne irgend welche Gelehrsamkeit, gekannt und bezeugt werden konnte von Allen.

Erlauben Sie mir, daß ich Ihnen, um mein Argument noch mehr evident zu machen, ein Beispiel vorführe. Sagen Sie mir doch, was würden Sie sagen, wenn ich an einen Römer die

---

*) Das Citat bezieht sich auf die ‚historia ecclesiastica.'
Anmerkung des Uebersetzers.

Frage richtete: Bist Du gewiß, daß Du hier zu Rom bist? Oh, gewiß! würde er mir antworten mit ironischem Lächeln; und wenn ich auf dieses ironische Lächeln hinzusetzte: Wohlan, so beweise mir, daß Du in Rom bist!? . . . Ich glaube, daß der Beweis nicht nöthig ist aus dem Grunde, den ich angebe; aber wenn er verlangt werden könnte und alle gleichzeitigen Zeugen dafür beansprucht würden, so würde er sich nicht erbringen lassen; und wenn er sich auch erbringen ließe, so würde er sich doch nicht erbringen lassen von der Allgemeinheit und Gesammtheit jedes Einzelnen von den Römern; und da ist der Grund. Wenn ich von Einem verlange: Beweise mir, daß du zu Rom bist, so sage ich ihm nicht: Beweise mir, daß du inmitten dieser Häuser und dieser Mauern stehst; sondern: Beweise mir, daß dieser Ort jener selbe ist, in welchem alle jene historischen Fakta sich ereignet haben, welche, wie wir uns erinnern, Rom angehören. Und in Folge dessen würde ein kritischer, vollkommener, absoluter Beweis dieser Wahrheit die Vergleichung mit der Topographie Roms betreffs aller der historischen Fakta erfordern, welche sich in Rom ereignet haben, und würde darum das gleichzeitige Zeugniß — nach der Logik unserer Gegner — von sämmtlichen Schriftstellern erfordern, welche die Existenz dieser Fakten berichtet haben. Ich wiederhole, daß, wenn dieser Beweis möglich wäre, Niemand ihn verlangen würde, weil „zu Rom sein" soviel bedeutet, wie Theil haben an jener Societät, an jener Bürgerschaft, welche von aller Welt als die römische Societät und Bürgerschaft anerkannt ist. Dieses Faktum nun der römischen Societät und Bürgerschaft, welches gelebt und fortgedauert hat durch so viele Jahrhunderte, dieses Faktum ist insoweit wahr und gegenwärtig, bedarf insoweit keines Beweises, inwieweit es zur Grundlage hat, daß diese Stadt in Wahrheit Rom ist. Die Behauptung, daß diese Stadt wirklich Rom sei, ist begründet in dem Leben hier, welches da ist die gesammte römische Societät, die römische Bürgerschaft, und als solche anerkannt wird von der ganzen Welt.

Gleicherweise hat die Gewißheit der Ankunft des heiligen Petrus in Rom so viel Sicherheit, so viel Evidenz, wie viel Sicherheit und Evidenz das Leben, die Entwickelung, die Thätigkeit, alle die Fakten, alle die Schicksale, alle die Siege der Kirche Roms haben. Es ist dies also das große Faktum, auf welches die Gewißheit der Ankunft des heiligen Petrus in Rom von uns gegründet wird. Wir also können sagen, daß wir positive Beweise für die Ankunft des h. Petrus in Rom haben. Unsere Gegner mögen positive Beweise beibringen, wenn sie deren haben; oder sie mögen positive Beweise beibringen, auf Grund deren man sagen könne: der hlg. Petrus ist niemals nach Rom gekommen. Gegen uns, an diesen Abenden, haben sie nur die Chronologie aufgestellt, von welcher wir in unserer Frage, wie wir gesehen haben, durchaus Abstand nehmen können und müssen; sie haben nur das Schweigen der Bibel entgegengestellt. Nun wird uns gesagt: die römischen Theologen glauben, das Schweigen der Schrift sei ein negativer Beweis. Fürwahr, das Schweigen an und für sich kann und darf nur ein negativer Beweis sein, wo von der andern Seite die positivsten Beweise ein Faktum darthun.

Aber heute Abend hat man, um die Schwierigkeit zu heben, hinzugesetzt: Das Schweigen in diesem Falle kommt einem positiven Beweise an Werthe gleich, weil die Schrift das Faktum, um das es sich handelt, erzählen mußte. Meine Herren, um bis zu diesem Punkte zu kommen, um diesen Satz aufzustellen: Die Schrift mußte dieses Faktum registriren, dazu gehört, — ich sage Ihnen die Wahrheit, — viel Keckheit. Bevor man sagt: Die Schrift mußte dieses Faktum erzählen, wäre es von Nöthen zu beweisen, daß die Schrift die eigentliche, geordnete, vollständige Geschichte der Fakten sei, welche in den ersten Zeiten des Christenthums sich bewährt haben. Nun, Jedermann weiß die Geschichte der verschiedenen Theile der heiligen Schrift, weiß, daß dieselben auf besondere Veranlassungen hin geschrieben worden sind, sowie dem Zwecke gemäß, den sich der Verfasser gesetzt hatte. Keiner hat jemals im Traume daran gedacht, daß sich in der Schrift, ebenso, wie die vollständige dogmatische Exposition, auch die vollständige historische Exposition des Ursprungs und der Entwickelung des Christenthums finden müßte. Das Christenthum war aufgetreten, es hatte sich schon hinlänglich entwickelt und verbreitet, bevor noch ein einziger Autor des Neuen Testaments erschienen war. Es sind also nicht bloß die heiligen Schriften, aus denen wir den Bericht von dem Ursprunge und der Entwickelung des Christenthums haben müssen. Sollen wir dann im Besondern über die Apostelgeschichte sprechen, so wurde diese Geschichte von Lukas in ganz specieller Absicht geschrieben, und diese war die Erzählung der paulinischen Mission und seiner Thaten, der Gnade, welche er den Völkern überbringen mußte, zu denen er gesandt war; und wenn er, in den ersten Kapiteln seiner Geschichte, auch von den übrigen Aposteln die Thaten berichtet, so berichtet er dieselben bloß deshalb, weil er in jenem Eingange den Anfang und die Gründung der Kirche darlegen mußte, zu welcher sich wie ein Vorfall, wie eine Folge eben die Mission des hlg. Paulus verhielt.

Wenn wir aus den heiligen Schriften und aus der Apostelgeschichte alle die Fakta erfahren müßten, welche die Uranfänge des Christenthums betreffen, so würden uns zu viele andere Fakta abgehen, und vergebens würden wir dieselben von den heiligen Schriften zu erfahren suchen.

Also, eigentlich gesprochen, können wir von Lukas nichts fordern noch verlangen, außer jene Fakta, welche sich in besonderer Weise an seinen Zweck, an sein Ziel anschließen. Ja, gleichwie die Umstände, unter denen Jemand schreibt, so gar verschieden sein können, so können wir von demselben Lukas gar nicht beanspruchen, daß er uns die Fakta, auch jene, welche einzig und allein der Mission Pauli angehörten, allesammt und einzeln erzähle; so wahr ist es, daß Vieles eben von Paulus sehr bekannt sein kann, was von Lukas nicht erzählt worden ist.

Also das Ziel, der besondere Zweck des Lukas schloß absolut die Nothwendigkeit aus, von der Ankunft, dem Verbleiben, dem Tode Petri in Rom zu sprechen.

Meine Herren, wenn wir von der Existenz eines gewichtigen feierlichen, universalen Faktums sprechen, so können wir nur auf eine andere Ursache zurückgehen, welche ebenso sicher, entschieden, feierlich, universal sein muß.

Aber die elementarste Philosophie der Geschichte lehrt uns, daß wir für die Fakten Ursachen angeben, die mit jenen in richtigem Verhältniß stehen. Für das Faktum der Existenz der römischen Kirche und der ununterbrochenen Tradition jener Kirche läßt sich keine andere Ursache, die dazu im richtigen Verhältnisse stehe, angeben, als die Ankunft Petri in Rom. Und hier gestatten Sie mir, gleichsam in Parenthese einzuschalten, ein Wort der Verehrung für alle diejenigen, welche diese erste Tradition ausmachen, ein Wort der Verehrung, um sie gewissermaßen zu entschädigen für ein Wort, hervorgegangen aus dem Munde Eines unserer Gegner, welches mir als zu rauh erschienen ist. Oh! wenn ich namhaft mache, wenn ich spreche von Augustinus, von Hieronymus, von Gregorius Nazianzenus, von Gregorius Nyssenus, von Chrysostomus und so vielen Andern, da spreche ich von den größten Männern, welche zu jenen Zeiten waren; wenn ich von diesen Männern, obgleich aus dem vierten, fünften, sechsten und siebenten Jahrhundert, spreche, so kann ich durchaus nicht sagen: sie wären eine Heerde von Affen und Schafen. (Lärmender Beifall von Seiten der Katholiken.)

Präsident: — Meine Herren, Sie werden von Neuem ersucht, Schweigen zu beobachten, nicht Beifall, noch Mißfallen auszudrücken; die Disputation muß ruhig verlaufen, da die Beschaffenheit selbst und der Charakter der Discussion derartig ist. Ich erwarte von Ihrer Zuvorkommenheit und von Ihrer Aufmerksamkeit Schweigen und Ruhe; dessen bin ich gewiß.

Guidi. — Wir können also nicht behaupten, daß, wie viel Großes und Feierliches diese Männer uns erzählen, bloß weil sie drei oder vier Jahrhunderte nachher gekommen, nichts darauf zu geben sei, auch wenn wir jene Lebenskraft, jene Wirksamkeit unbeachtet lassen, welche sich, wie ich sagte, von jenem ersten Faktum beständig in der gesammten römischen Kirche erhielt, aus der einzigen Ursache seiner Existenz und seines Einflusses in der ganzen Welt. Indem ich also diese Parenthese schließe, sage ich: Von den besonderen Fakten — des Schweigens des Lukas, des Schweigens Pauli, der so sehr verschiedenen Chronologieen, der Ungewißheiten des Datums „Babylon" — von den besondern Fakten, welche in keiner Weise die Existenz dieses so sehr gewissen, so sehr substantiellen Faktums berühren, können so und so viele Gründe angegeben werden. Aber wer aus uns im neunzehnten Jahrhundert könnte wohl alle die geringfügigen Umstände kennen, welche sich in jener Zeit darboten, von denen einer allein schon genügen konnte, um über dieses Faktum Schweigen zu beobachten? Ich wiederhole, für ein so wichtiges, so universales Faktum, wie die römische Kirche, können wir keine andere zureichende Ursache finden als die Ankunft des heiligen Petrus in Rom. Das Faktum des Schweigens dieses oder jenes Schriftstellers, dieses oder jenes Apostels, sei er gleich inspirirt, kann nicht entgegengestellt werden; denn, erinnern wir uns wohl, daß wir, indem es sich handelt um eine historische Frage, worauf ich zu Anfange aufmerksam machte, der Achtung und Verehrung und Liebe nichts entziehen, welche wir der ganzen heiligen Schrift bezeigen müssen, wenn wir sagen, daß ihr Schweigen der Wahrheit eines Faktums durchaus nicht entgegen=

stehe. Für das Schweigen dieses oder jenes Schriftstellers, sei er gleich inspirirt oder heilig, können wir so viele Gründe angeben; und wenn wir sie auch jetzt nicht feststellen könnten (wie sie denn bis jetzt nicht festgestellt, sondern als Hypothesen aufgestellt worden sind, als Wahrscheinlichkeiten, von denen wir irgendeine nachzuweisen, aufrechtzuhalten nicht schuldig sind) — und wenn wir auch, sage ich, keinen, nicht bloß von jenen durch katholische Schriftsteller aufgestellten, sondern auch von jenen durch so viele protestantische Schriftsteller aufgestellten [Gründen] feststellen könnten, so werden wir doch niemals irgendwie schließen können: — Dieser besondere Umstand war nicht vorhanden, dieser besondere Beweggrund war nicht vorhanden, aus welchem man über die Ankunft Petri in Rom hätte Schweigen beobachten sollen. Ich schließe, indem ich den Charakter unserer These, über welche einzig und allein wir die Discussion angenommen haben, kurz zusammenfasse: Die Ankunft des heiligen Petrus in Rom wird bezeugt von einer so großen und kolossalen Zeugschaft, wie es die Kirche Roms selbst ist. Das ergiebt sich aus der ganzen Gesammtheit der Zeugnisse, welche seit den ersten Jahrhunderten dieses Faktum bestätigt haben; es ergiebt sich daraus, daß Keiner von den Häretikern, von den Schismatikern selbst, es zu leugnen vermocht und gewußt hat, deren höchstes Interesse doch war, es zu leugnen; es ergiebt sich daraus, daß man niemals eine Gemeinde gesehen hat, welche diesen Ruhm sich angemaßt hätte, als sie [die Gemeinden] Bedürfniß dazu hatten, absolut dazu Bedürfniß hatten, um von ihren Schultern das Joch der römischen Kirche zu schütteln, welches, ihrer Meinung nach, schwer lastete. Ja, wie ich sage, um dieses Joch abzuschütteln, war nichts leichter, als die Ankunft Petri in Rom zu leugnen, und Keiner hat sie*) geleugnet. Und indem ich so sage, wünsche ich, daß Sie darauf Acht haben, daß, — wenn Babylon es nicht für sich gethan hat, wie von einem unserer Gegner gesagt wurde, weil damals Babylon gleichsam eine Gemeinde in partibus war — daß nicht einzig und allein Babylon dabei interessirt war, zu sagen: der heilige Petrus ist in Babylon gestorben; es waren alle die andern Sekten der Häretiker und

---

*) So die Ausgabe B. Die Ausgabe L. hat lo (es) ha negato statt: l'ha negata.　　　　　　　　　Anmerkung des Uebersetzers.

der Schismatiker, welche sich auf dieses Faktum des Todes des heiligen Petrus in Babylon hätten berufen können; und dennoch hat keine von diesen Gemeinden und Sekten jemals daran gedacht, in Zweifel zu ziehen, daß er wirklich zu Rom gestorben sei.

Es bleibt also bestehen, meine Herren, daß sich das Faktum, welches wir aufrechthalten, aus dem Faktum der römischen Kirche ergiebt; es ergiebt sich aus allen diesen Zeugnissen, welche sich vom ersten Jahrhundert bis auf uns fortpflanzen; es ergiebt sich aus dem Leben dieser Kirche, aus ihrer Wirksamkeit, aus den Kämpfen, welche sie immer auf der Welt bestanden hat; und ich weiß nicht, ob man dieses Zeugniß als geringer anschlagen, — doch was sage ich? — auch nur in Vergleich setzen dürfe mit den Worten eines gleichzeitigen Zeugen! Dieser Zeugschaft stellt man ein Schweigen entgegen; für dieses Schweigen, auch gesetzt, wir vermöchten es jetzt nicht, könnte man sich so viele Erklärungen denken.

Man stellt also ein Schweigen, — kein positives Faktum, — dieser Zeugschaft über die Ankunft des heiligen Petrus in Rom entgegen.

Darum glaube ich, daß trotz der Gelehrsamkeit, der Beredtsamkeit, welche bei dieser Discussion unsere Gegner an Tag gelegt haben, trotz der Freundschaft, der Wohlgesinntheit, welche wir gegen sie beständig haben und bewahren müssen — trotz alledem glaube ich, daß die Katholiken ein gutes Recht darauf haben, fest bei ihrer Meinung zu verharren, daß **der heilige Petrus nach Rom gekommen und daselbst gestorben ist.**

Präsident. — Von der einen wie von der andern Seite wird die Discussion für erschöpft erklärt.

Schluß der Sitzung um 10 Uhr.

Erklärung unter dem authentischen Manuscript.

Das vorliegende Manuscript, zweihundert acht und sechzig geschriebene Seiten an der Zahl und jede Seite zu einunddreißig Linien, ist eine getreue und genaue, von den unterfertigten Präsidenten in ihren sämmtlichen und einzelnen Theilen approbirte

Copie, sowohl der von dem evangelischen Prediger Herrn Francesco Sciarelli vorgelesenen These, wie der von den katholischen Priestern und evangelischen Predigern an den Abenden des Neunten und Zehnten laufenden Monats Februar, im Saale der Päpstlischen Accademia Tiberina, über die Frage nach der Ankunft des heiligen Petrus in Rom, gehaltenen Reden.

In Beglaubigung u. s. w.*)

Rom, heute am vierundzwanzigsten Februar Eintausend achthundert zweiundsiebenzig.

     Comm. Giovanni Battista De Dominicis
        Tosti Avv. Conc.
     M. Chigi Principe di Campagnano.
     Henry J. Piggott. B. A.
     Hermann Philip D. D., M. D.

---

*) Statt dieser Beglaubigung enthält die Ausgabe B. am Schlusse folgende Erklärung:

Die vorliegende Ausgabe des ‚Resoconto della Disputa' ist nach der durch formellen Act von den Präsidenten der beiden disputirenden Parteien als authentisch erklärten Copie veranstaltet worden.

            Anmerkung des Uebersetzers.

Druck von Hüthel & Legler in Leipzig.